Kommunale Schriften
für
Nordrhein-Westfalen
1

Herausgegeben von
Dr. Peter Michael Mombaur
Geschäftsführendes
Präsidialmitglied des
Nordrhein-Westfälischen
Städte- und Gemeindebundes

Gemeindeordnung Nordrhein-Westfalen

Textausgabe
mit
Anmerkungen
Durchführungsbestimmungen
und
ergänzenden Rechts- und
Verwaltungsvorschriften

33., durchgesehene
und aktualisierte Auflage

Deutscher Gemeindeverlag

CIP-Titelaufnahme der Deutschen Bibliothek

Gemeindeordnung Nordrhein-Westfalen: Textausgabe mit
Anmerkungen, Durchführungsbestimmungen und ergänzenden
Rechts- und Verwaltungsvorschriften / hrsg. von Peter Michael
Mombaur. – 33., durchges. u. aktualisierte Aufl. – Köln: Dt.
Gemeindeverl., 1990
  (Kommunale Schriften für Nordrhein-Westfalen; 1)
  Einheitssacht.: Gemeindeordnung für das Land Nordrhein-Westfalen
  ISBN 3-555-30319-8
NE: Mombaur, Peter Michael [Hrsg.]; EST; GT

1990
33., durchgesehene und aktualisierte Auflage – erstmals 1952
Deutscher Gemeindeverlag GmbH
Verlagsort: 5000 Köln 40, Postfach 40 02 63
Gesamtherstellung Deutscher Gemeindeverlag GmbH Köln
Buch-Nr. KS 05/1

VORWORT
zur 33. Auflage

Im Vorwort zur 32. Auflage ist darauf hingewiesen worden, daß sich die Auslegung des § 23 GO NW für die Städte und Gemeinden durch die unüberschaubare Rechtsprechung als äußerst schwierig erwiesen hat. Auch der Nordrhein-Westfälische Städte- und Gemeindebund hatte sich deshalb für eine Änderung dieser Vorschrift ausgesprochen. Der Landtag hat die Problematik aufgegriffen und die erforderliche Rechtssicherheit wiederhergestellt (Änderungsgesetz vom 7. März 1990).

Die Bedeutung der Befangenheitsvorschrift des § 23 GO NW für die kommunale Praxis macht eine Neuauflage der Textausgabe unerläßlich. Dabei sind die Hinweise auf Gerichtsentscheidungen in den Fußnoten aktualisiert worden.

Düsseldorf, im März 1990

Dr. Mombaur

VORWORT
zur 32. Auflage

Die Gemeinden sind die Grundlagen des demokratischen Staatsaufbaus. Sie fördern das Wohl der Einwohner in freier Selbstverwaltung durch ihre von der Bürgerschaft gewählten Organe.

Ca. 18 500 Mandatsträger in den Städten und Gemeinden einschließlich der Bezirksvertreter, sowie ca. 2000 Kreistagsmitglieder habon von don Bürgerinnen und Bürgern den Auftrag, die Angelegenheiten der örtlichen Gemeinschaft zu verwalten. Ihnen obliegt die Interessenvertretung aller Einwohner in den Gemeinden, Städten und Kreisen. Die Ausübung des kommunalen Mandats ist ohne Kenntnis der Gemeindeordnung, dem Grundgesetz der kommunalen Selbstverwaltung in Nordrhein-Westfalen, unmöglich. Die Gemeindeordnung regelt die Grundlagen der Gemeindeverfassung, die Rechtsstellung der Einwohner und Bürger, Aufgaben und Arbeitsablauf im Rat und in den Ausschüssen, Rechte und Pflichten der Ratsmitglieder, Wahl und Zuständigkeiten·des Gemeindedirektors und der Beigeordneten. Schließlich ist auch die Kenntnis des haushaltsrechtlichen Teils der Gemeindeordnung unentbehrlich. Die Gemeindeordnung ist dabei nicht nur für Rats- und Ausschußmitglieder ein notwendiges Arbeitsmittel. Viele ihrer Vorschriften sind auch mit maßgeblich für die Kreise, die Landschaftsverbände Rheinland und Westfalen-Lippe sowie zahlreiche kommunale Zweckverbände und den Kommunalverband Ruhrgebiet.

Mit dem vorliegenden Band erhält jeder Mandatsträger das Rüstzeug zur Kenntnis der Gemeindeverfassung. Die Textausgabe beschränkt sich dabei nicht nur auf die Wiedergabe des Gesetzestextes, sondern weist in Fußnoten auf die wesentlichen Entscheidungen der Verfassungs- und Verwaltungsgerichtsbarkeit zur Kommunalverfassung hin. Die Kontrolldichte durch die Gerichtsbarkeit wächst auch im Bereich des Kommunalverfassungsrechts ständig. Ihre Kenntnis erleichtert den Umgang mit den Normen der Gemeindeordnung. Ihre Beachtung vermeidet eigene Rechtsstreitigkeiten vor den Verwaltungsgerichten. Über die Gerichtsentscheidungen hinaus sind wichtige Erlasse und Rundschreiben z. B. des Innenministeriums zur Auslegung der gemeindeordnungsrechtlichen Bestimmungen aufgeführt.

Die seit der 30. Auflage bewährte Zusammenstellung ist von Referent Uwe Lübking, Verfassungsdezernat des Nordrhein-Westfälischen und des Deutschen Städte- und Gemeindebundes, aktualisiert worden.

Der Band enthält, wie auch schon in der Vorauflage, den Text der Gemeindeordnung in der Fassung der Bekanntmachung vom 13. August 1984 (GV. NW. S. 475/SGV. NW. 2023), geändert durch Artikel 9 des Rechtsbereinigungsgesetzes 1987 für das Land Nordrhein-Westfalen vom 6. Oktober 1987 (GV. NW. S. 342), zuletzt geändert durch das Gesetz zur Änderung der Gemeindeordnung vom 7. Juni 1989 (GV. NW S. 362). Die letzte Änderung betrifft den § 3 a GO NW und soll den Aufgabenkreis der Städte und Gemeinden festschreiben, die nach der Volkszählung 1987 die erforderliche Einwohnerzahl nicht erreicht haben, die Aufgaben der Mittleren bzw. Großen kreisangehörigen Stadt aber schon wahrgenommen hatten. Es wird für diese Städte und Gemeinden eine Bestandsschutzregelung eingeführt, mit der

Bedingung, daß von den betroffenen Städten und Gemeinden alle Aufgaben der Großen bzw. Mittleren kreisangehörigen Stadt wahrgenommen werden.

Die „Verwaltungsvorschriften zur Gemeindeordnung", mit Wirkung vom 1. Oktober 1984 neugefaßt und mit Wirkung ab 1. Januar 1986 geändert, sind der GO paragraphenweise zugeordnet. Eine Anpassung der Verwaltungsvorschriften an die vorangegangene Gesetzesänderung durch das Rechtsbereinigungsgesetz ist nicht erfolgt. Soweit die Verwaltungsvorschriften dem Gesetzestext nicht mehr entsprechen, wird in Fußnoten darauf hingewiesen. Im Anhang der Textausgabe finden sich u. a. die Verordnung über die öffentliche Bekanntmachung von kommunalem Ortsrecht (Bekanntmachungsverordnung), sowie die Verordnung über die Entschädigung der Mitglieder kommunaler Vertretungen und Ausschüsse (Entschädigungsverordnung). Damit den Mandatsträgern tatsächlich ein umfassendes Rüstzeug an die Hand gegeben wird, ist nunmehr ab der 32. Auflage auch die Verordnung über die Aufstellung und Ausführung des Haushaltsplans der Gemeinden (Gemeindehaushaltsverordnung) sowie ein Auszug der Eigenbetriebsverordnung abgedruckt.

Die Auslegung des § 23 GO NW gestaltet sich insbesondere durch die unüberschaubare Rechtsprechung für viele Städte und Gemeinden äußerst schwierig. Aus diesem Grund spricht sich auch der NW Städte- und Gemeindebund für eine Änderung des § 23 GO NW aus. Möglicherweise wird sich der Landtag noch in diesem Jahr mit der Novellierung befassen. Aus diesem Grund sollten die Mitteilungen der kommunalen Spitzenverbände beachtet werden.

Seit Erscheinen der 31. Auflage ist die Diskussion über die Neufassung der Gemeindeordnung für das Land Nordrhein-Westfalen vorangeschritten. Beiträge und Analysen zu diesem Thema finden sich in der Abhandlung „Mombaur, Neue Kommunalverfassung für Nordrhein-Westfalen?", die im Deutschen Gemeindeverlag erschienen ist. Der Innenminister des Landes Nordrhein-Westfalen hat eine Umfrage zu den Bedingungen der Kommunalpolitik durchgeführt, deren Auswertung den Novellierungsbedarf bestätigt hat. Die weitere Diskussion zu diesem Thema bleibt abzuwarten. Der Landtag ist aufgerufen, sich in seiner nächsten Legislaturperiode dieser Frage anzunehmen.

Düsseldorf, im August 1989   Dr. Mombaur

INHALTSVERZEICHNIS

ABKÜRZUNGSVERZEICHNIS

Gemeindeordnung für das Land Nordrhein-Westfalen

in der Fassung der Bekanntmachung vom 13. August 1984 (GV. NW. S. 475), zuletzt geändert durch Gesetz vom 7. März 1990 (GV. NW. S. 141) − SGV. NW. 2023

mit

Verwaltungsvorschriften zur Gemeindeordnung für das Land Nordrhein-Westfalen

RdErl. d. Innenministers vom 4. September 1984 (MBl. NW. S. 1156), geändert durch RdErl. vom 6. Dezember 1985 (MBl. NW. S. 1811) − SMBl. NW. 2020

Auf Grund des § 119 Abs. 3 Satz 1 der Gemeindeordnung für das Land Nordrhein-Westfalen in der Fassung der Bekanntmachung vom 13. August 1984 (GV. NW. S. 475/SGV. NW. 2023) werden mit Wirkung vom 1. Oktober 1984 folgende Verwaltungsvorschriften erlassen:

(Die VV sind der GO paragraphenweise zugeordnet.)

---

*) Bekanntmachung der Neufassung der Gemeindeordnung für das Land Nordrhein-Westfalen vom 13. August 1984. Auf Grund des Artikels VI des Gesetzes zur Änderung der Gemeindeordnung, der Kreisordnung und anderer Kommunalverfassungsgesetze des Landes Nordrhein-Westfalen vom 29. Mai 1984 (GV. NW. S. 314) und des Artikels V des Mitbestimmungs-Artikelgesetzes vom 26. Juni 1984 (GV. NW. S. 362) wird nachstehend der vom 1. Oktober 1984 an geltende Wortlaut der Gemeindeordnung für das Land Nordrhein-Westfalen in der Fassung der Bekanntmachung vom 1. Oktober 1979 (GV. NW. S. 594) unter Berücksichtigung der Änderungen durch die vorgenannten Gesetze bekanntgemacht.

I. TEIL: Grundlagen der Gemeindeverfassung

§ 1 Wesen der Gemeinden

(1) **Die Gemeinden sind die Grundlage des demokratischen Staatsaufbaues. Sie fördern das Wohl der Einwohner in freier Selbstverwaltung durch ihre von der Bürgerschaft gewählten Organe.**[1]

(2) **Die Gemeinden sind Gebietskörperschaften.**

§ 2 Wirkungskreis

Die Gemeinden sind in ihrem Gebiet, soweit die Gesetze nicht ausdrücklich etwas anderes bestimmen, ausschließliche und eigenverantwortliche Träger der öffentlichen Verwaltung.[2]

§ 3 Übertragung von Aufgaben

(1) **Neue Pflichten, insbesondere Pflichtaufgaben, können den Gemeinden nur durch Gesetz auferlegt werden. Dabei ist gleichzeitig die Aufbringung der Mittel zu regeln. Eingriffe in die Rechte der Gemeinden sind nur durch Gesetz zulässig. Rechtsverordnungen zur Durchführung solcher Gesetze bedürfen der Zustimmung des zuständigen Landtagsausschusses und, sofern nicht die Landesregierung oder der Innenminister sie erlassen, der Zustimmung des Innenministers.**[3]

---

[1] Keine Klagebefugnis der Gemeinde zugunsten ihrer Einwohner VG Düsseldorf, Beschl. v. 16. 11. 1984 – 17 L 1673/84 – Eild LKT NW 85, 164; Zulässigkeitsvoraussetzungen der Kommunalverfassungsbeschwerde BVerfG Beschl. v. 27. 11. 1986 – 2 BvR 124/82 – DVBl 1987, 136; Beschl. v. 7. 2. 1984 – 2 BvR 794/83 – DÖV 1987, 342; Beschl. v. 28. 3. 1985 – 2 BvR 280/85 – DÖV 1987, 343; Beschl. v. 25. 9. 1986 – 2 BvR 689/86 – DÖV 1987, 344

[2] Zum Selbstverwaltungsrecht VerfGH NW Urt. v. 9. 2. 1979 – 7/78 – NJW 79, 1201; BVerfG Beschl. v. 7. 10. 1980 – 2 BvR 584/76 – DVBl 81, 535; BVerwG Urt. v. 19. 3. 1976 – VII C 71/72 – NJW 76, 2175; Zum Verhältnis Gemeinde – Kreis (Rastede-Beschluß) BVerfG Beschl. v. 23. 11 1988 – 2 BvR 1619/83 – StGB 1989, 80; Atomwaffenfreie Zone Bay VGH Urt. v. 24. 8. 1988 – Nr. 4 B 86.02219 – DVBl 1989, 158; Unzulässigkeit des Beitritts zum Programm zur Förderung der Solidarität der Städte OVG RhPf Urt. v. 17. 11. 1987 – 7 A 37/87 – DVBl 1988, 796

[3] Abgeltung von Auftragskosten OVG NW, Urt. v. 26. 10. 1979 – XV A 374/78, DVBl 80, 763; VG Düsseldorf Urt. v. 24. 2. 1984 – 1K 2624/82 – StT 84, 439; VerfGH NW Urt. v. 15. 2. 1985 – 17/83 – DÖV 85, 620

(2) Pflichtaufgaben können den Gemeinden zur Erfüllung nach Weisung übertragen werden; das Gesetz bestimmt den Umfang des Weisungsrechts.

§ 3 a   Zusätzliche Aufgaben kreisangehöriger Gemeinden

(1) Kreisangehörigen Gemeinden mit mehr als 60 000 Einwohnern (Große kreisangehörige Städte) und kreisangehörige Gemeinden mit mehr als 25 000 Einwohnern (Mittlere kreisangehörige Städte) können neben den Aufgaben nach den §§ 2 und 3 zusätzlich Aufgaben durch Gesetz[4]) oder Rechtsverordnung übertragen werden. Maßgebende Einwohnerzahl ist die vom Landesamt für Datenverarbeitung und Statistik veröffentlichte Zahl der auf den 30. Juni und 31. Dezember eines jeden Jahres fortgeschriebenen Bevölkerung (Stichtage).

(2) Die Landesregierung bestimmt durch Rechtsverordnung, welche Gemeinden Große kreisangehörige Städte oder Mittlere kreisangehörige Städte sind.[5]) Änderungen der Rechtsverordnung dürfen erst ein Kalenderjahr nach der Verkündung in Kraft treten.

(3) Eine Gemeinde ist zur Großen kreisangehörige Stadt oder zur Mittleren kreisangehörige Stadt zu bestimmen, wenn sie an drei aufeinanderfolgenden Stichtagen die erforderliche Einwohnerzahl aufweist.

(4) Eine Gemeinde ist auf ihren Antrag zu streichen, wenn sie an fünf aufeinanderfolgenden Stichtagen die erforderliche Einwohnerzahl um mehr als 10 vom Hundert unterschreitet. Eine Gemeinde ist von Amts wegen zu streichen, wenn sie an fünf aufeinanderfolgenden Stichtagen die erforderliche Einwohnerzahl um mehr als 20 vom Hundert unterschreitet.

---

[4]) vgl. hierzu 1. FRG v. 11. 7. 1978 GV. NW. S. 290; 2. FRG v. 18. 9. 1979 GV. NW. S. 552; 3. FRG v. 26. 6. 1984 GV. NW. S. 369
[5]) s. VO vom 13. 11. 1979 (GV. NW. S. 867), zuletzt geändert durch VO vom 24. 10. 1989 (GV. NW. S. 529) − SGV. NW. 2023)

VV zu § 3 a

1   Mit den Bezeichnungen „Große kreisangehörige Stadt" und
     „Mittlere kreisangehörige Stadt" kennzeichnet § 3 a die
     Städte, die auf Grund ihrer Einwohnerzahl einen größeren
     Aufgaben- und Zuständigkeitsbereich haben als die übrigen
     kreisangehörigen Gemeinden mit einer Einwohnerzahl von
     weniger als 25 000. Die Bezeichnungen sind rechtstechnische
     Hilfsmittel für die in Landesgesetzen und Rechtsverordnungen
     des Landes enthaltenen Zuständigskeitsregelungen.

2   Die Bestimmung zur Großen oder Mittleren kreisangehörigen
     Stadt durch Rechtsverordnung der Landesregierung (erstmals
     zum 1. Januar 1981) hat konstitutive Wirkung.

     Die im Fünfjahresrhythmus von der Landesregierung zu erlas-
     senden Rechtsverordnungen sind nach Absatz 5 mindestens
     ein Jahr vor ihrem Wirksamwerden zu verkünden. Der zur
     Feststellung der erforderlichen Einwohnerzahl vorgesehene
     Prüfungszeitraum (Absatz 3) umfaßt daher die unmittelbar
     vor der letztmöglichen Feststellung liegenden ein oder zwei
     Jahre.

§ 3 b Geheimhaltung

**Die Gemeinden sind verpflichtet, Angelegenheiten der zivilen Ver-
teidigung, die auf Anordnung der zuständigen Behörde oder
ihrem Wesen nach gegen die Kenntnis Unbefugter geschützt werden müssen, geheimzuhalten. Sie haben hierbei Weisungen der
Landesregierung auf dem Gebiet des Geheimschutzes zu beachten.**

VV zu § 3 b

Zuständige Behörden können nicht nur die Aufsichtsbehörden, sondern auch andere Stellen, z. B. militärische Dienststellen, sein.

§ 4 Satzungen

**(1) Die Gemeinden können ihre Angelegenheiten durch Satzung
regeln, soweit Gesetze nichts anderes bestimmen. Satzungen**

bedürfen der Genehmigung der Aufsichtsbehörde nur, wenn dies gesetzlich ausdrücklich vorgeschrieben ist.[6])

(2) In den Satzungen können vorsätzliche und fahrlässige Zuwiderhandlungen gegen Gebote und Verbote mit Bußgeld bedroht werden. Zuständige Verwaltungsbehörde im Sinne des § 36 Abs. 1 Nr. 1 des Gesetzes über Ordnungswidrigkeiten ist der Gemeindedirektor.

(3) Jede Gemeinde hat eine Hauptsatzung zu erlassen. In ihr ist mindestens zu ordnen, was nach den Vorschriften dieses Gesetzes der Hauptsatzung vorbehalten ist. Die Hauptsatzung und ihre Änderung können nur mit der Mehrheit der gesetzlichen Anzahl der Ratsmitglieder beschlossen werden.

(4) Satzungen sind öffentlich bekanntzumachen. Sie treten, wenn kein anderer Zeitpunkt bestimmt ist, mit dem Tage nach der Bekanntmachung in Kraft.[7])

(5) Der Innenminister bestimmt durch Rechtsverordnung, welche Verfahrens- und Formvorschriften bei der öffentlichen Bekanntmachung von Satzungen und sonstigen ortsrechtlichen Bestimmungen einzuhalten sind, soweit nicht andere Gesetze hierüber besondere Regelungen enthalten.[8])

(6) Die Verletzung von Verfahrens- oder Formvorschriften dieses Gesetzes kann gegen Satzungen, sonstige ortsrechtliche Bestimmungen und Flächennutzungspläne nach Ablauf eines Jahres seit ihrer Verkündung nicht mehr geltend gemacht werden, es sei denn

a) eine vorgeschriebene Genehmigung fehlt,

b) die Satzung, die sonstige ortsrechtliche Bestimmung oder der Flächennutzungsplan ist nicht ordnungsgemäß öffentlich bekanntgemacht worden,

c) der Gemeindedirektor hat den Ratsbeschluß vorher beanstandet oder

---

[6]) Rückwirkung von Abgabensatzungen OVG NW, Urt. v. 7. 5. 69 – II A 848/67 – OVGE 25.40; BVerwG, Urt. v. 19. 2. 1971 – VII C 43.67 – DVBl 71, 505; Urt. v. 17. 4. 1973 – VII C 23.72 – KStZ 73, 219; Urt. v. 27. 1. 1978 – 7 C 44.76 – DVBl 78, 536

[7]) Bekanntmachung OVG NW Urt. v. 24. 7. 1963 – III A 976/60 – OVGE 19, 55; Urt. v. 10. 2. 1960 – III A 618/56 – DÖV 60, 954; Mitteilungsblätter als Amtsblätter OVG NW, Beschl. v. 8. 5. 1987, MittNWStGB 87, 207; OVG NW Urt. v. 4. 12. 1987 – 10 a NE 48/84 – DÖV 1988, 647

[8]) vgl. Bekanntmachungsverordnung v. 7. 4. 1981 GV. NW. S. 224 (siehe Anhang 2)

d) der Form- oder Verfahrensmangel ist gegenüber der Gemeinde vorher gerügt und dabei die verletzte Rechtsvorschrift und die Tatsache bezeichnet worden, die den Mangel ergibt.

Bei der öffentlichen Bekanntmachung der Satzung, der sonstigen ortsrechtlichen Bestimmung und des Flächennutzungsplans ist auf die Rechtsfolgen nach Satz 1 hinzuweisen.

VV zu § 4

1   Jede Hauptsatzung muß Bestimmungen enthalten über:

die Form der öffentlichen Bekanntmachungen (§ 4 Abs. 5 und § 37 Abs. 3 jeweils in Verbindung mit § 4 Abs. 2 Bekanntmachungsverordnung),

nähere Einzelheiten über die Unterrichtung der Einwohner (§ 6 b Abs. 2),

nähere Einzelheiten über den Bürgerantrag (§ 6 c Abs. 2),

nähere Einzelheiten über die Bezirksverfassung in kreisfreien Städten (§§ 13 bis 13 c),

die Genehmigung von Verträgen der Gemeinde mit Mitgliedern des Rates, der Bezirksvertretungen und der Ausschüsse, mit dem Gemeindedirektor und den leitenden Dienstkräften der Gemeinde (§ 28 Abs. 1 Buchstabe s),

den Ersatz des Verdienstausfalls (Höchstbetrag, Regelstundensatz, Stundensatz für Hausfrauen) für Ratsmitglieder und Mitglieder von Ausschüssen (§ 30 Abs. 4) sowie Mitglieder der Bezirksvertretungen (§ 13 a Abs. 4 Satz 1),

die Höhe der Aufwandsentschädigung und des Sitzungsgeldes für Ratsmitglieder und Mitglieder von Ausschüssen (§ 30 Abs. 5), für den Ratsvorsitzenden (§ 45 Abs. 1 Satz 1) und für Mitglieder der Bezirksvertretung (§ 13 a Abs. 4 Satz 2) sowie die Höchstzahl der Fraktionssitzungen, für die ein Sitzungsgeld zu zahlen ist (§ 30 Abs. 5).

2   Angelegenheiten, die nur in der Hauptsatzung verbindlich geregelt werden können, sind:

die Einteilung des Gebiets kreisangehöriger Gemeinden in Bezirke (Ortschaften), die Bildung und die Zusammensetzung von Bezirksausschüssen, die Bestellung von Ortsvorstehern und die Einrichtung von Bezirksverwaltungsstellen sowie die hiermit zusammenhängenden näheren Vorschriften (§ 13 d Abs. 8), insbesondere die Festsetzung der Aufwandsentschädigung und der Ersatz des Verdienstausfalls für Ortsvorsteher (§ 13 d Abs. 7 Satz 5 und 7),

die Festsetzung eines täglichen oder monatlichen Höchstbetrages für den Ersatz des Verdienstausfalls (§ 30 Abs. 4),

die Bestimmung der sonstigen Sitzungen, für die im Falle der Teilnahme ein Sitzungsgeld an Ratsmitglieder, sachkundige Bürger und sachkundige Einwohner zu zahlen ist (§ 30 Abs. 5 Satz 1 und 2),

die Festsetzung der Aufwandsentschädigung für Stellvertreter des Bürgermeisters und für Fraktionsvorsitzende (§ 45 Abs. 1 Satz 2), sowie für Bezirksvorsteher, Stellvertreter der Bezirksvorsteher und Fraktionsvorsitzende in den Bezirksvertretungen (§ 13 a Abs. 4 Satz 3 und 4),

in Gemeinden mit nicht mehr als 25 000 Einwohnern die Bestimmung, daß Zeit und Ort der Ratssitzungen sowie die Tagesordnung allgemein durch Aushang bekanntzugeben sind (§ 33 Abs. 1 Satz 4 in Verbindung mit § 37 Abs. 3 und § 4 Abs. 3 Bekanntmachungsverordnung),

Akteneinsichtsrecht für Bezirksvorsteher und Ausschußvorsitzende (§ 40 Abs. 1 Satz 3),

die Zahl der Beigeordneten (§ 49 Abs. 1 Satz 1),

abweichende Zuständigkeitsregelungen für die Ernennung, Beförderung und Entlassung von Beamten sowie die arbeits- und tarifrechtlichen Entscheidungen für die Angestellten und Arbeiter (§ 54 Abs. 1),

abweichende Regelungen für die Unterzeichnung der nach geltendem Recht auszustellenden Urkunden für Beamte sowie die Unterzeichnung von Arbeitsverträgen und sonstigen schriftlichen Erklärungen zur Regelung der Rechtsverhältnisse von Angestellten und Arbeitern (§ 54 Abs. 3).

3.11 Unter Berufung auf § 4 Abs. 6 können keine Verfahrens- und Formverstöße als unbeachtlich angesehen werden, die der Gemeinde bekannt sind. Die Hauptverwaltungsbeamten haben ihrer Beanstandungspflicht nachzukommen.

3.12 Die ordnungsgemäße öffentliche Bekanntmachung im Sinne des § 4 Abs. 6 Satz 1 Buchstabe b setzt die Beachtung aller Vorschriften der Bekanntmachungsverordnung voraus, deren Nichtbeachtung die Unwirksamkeit der Satzung, der sonstigen ortsrechtlichen Bestimmung oder des Flächennutzungsplanes zur Folge hätte.

3.13 Die Rüge kann von jedermann erhoben werden. Die Beantwortung eines Schreibens, durch das eine Rüge erhoben worden ist, ist kein Verwaltungsakt.

3.14 An die Voraussetzung, daß die verletzte Rechtsvorschrift und die Tatsache zu bezeichnen sind, dürfen keine zu hohen Anforderungen gestellt werden. Eine paragraphengenaue Bezeichnung der verletzten Rechtsvorschrift ist nicht erforderlich.

3.15 Eine Rüge gegenüber der Gemeinde kann auch dadurch vorgenommen werden, daß die Verletzung von Verfahrens- und Formvorschriften in Verfahren erfolgt, an denen die Gemeinde beteiligt ist.

3.16 Die Entscheidung der Gemeinde über die Berechtigung einer Rüge ist für die spätere gerichtliche Überprüfung ohne Bedeutung. Nach einer Rüge kann sich die Gemeinde insoweit niemandem gegenüber mehr auf die Wirkung des § 4 Abs. 6 berufen.

3.2 Der Hinweis auf § 4 Abs. 6 macht den Hinweis auf entsprechende Vorschriften des Bundesbaugesetzes nicht entbehrlich, wie umgekehrt der Hinweis auf § 4 Abs. 6 auch bei Bebauungsplänen nicht entbehrlich ist.

3.3 Wird in der öffentlichen Bekanntmachung der Hinweis nach § 4 Abs. 6 Satz 2 unterlassen, so hat dies nicht die Unwirksamkeit der Satzung, der sonstigen ortsrechtlichen Bestimmung oder des Flächennutzungsplanes zur Folge. Das Unterlassen des Hinweises hat nur die Wirkung, daß die Verletzung von Verfahrens- oder Formvorschriften zeitlich unbeschränkt geltend gemacht werden kann. Da nach dem Wortlaut des § 4 Abs. 6 Satz 2 schon bei der öffentlichen Bekanntmachung auf die Rechtsfolgen nach Satz 1 hinzuweisen ist, ist es nicht möglich, den Hinweis getrennt nachzuholen.

§ 5   Gemeindegebiet

Das Gebiet jeder Gemeinde soll so bemessen sein, daß die örtliche Verbundenheit der Einwohner gewahrt und die Leistungsfähigkeit der Gemeinde zur Erfüllung ihrer Aufgaben gesichert ist.

§ 6   Einwohner und Bürger

(1)   Einwohner ist, wer in der Gemeinde wohnt.

(2)   Bürger ist, wer zu den Gemeindewahlen wahlberechtigt ist.

§ 6 a   Pflichten der Gemeinden gegenüber ihren Einwohnern

(1)   Die Gemeinden sind in den Grenzen ihrer Verwaltungskraft ihren Einwohnern bei der Einleitung von Verwaltungsverfahren behilflich, auch wenn für deren Durchführung eine andere Behörde zuständig ist. Zur Rechtsberatung sind die Gemeinden nicht verpflichtet.

(2)   Die Gemeinden haben Vordrucke für Anträge, Anzeigen und Meldungen, die ihnen von anderen Behörden überlassen werden, bereitzuhalten.

(3)   Soweit Anträge beim Kreis oder beim Regierungspräsidenten einzureichen sind, haben die Gemeinden die Anträge entgegenzunehmen und unverzüglich an die zuständige Behörde weiterzuleiten. Die Einreichung bei der Gemeinde gilt als Antragstellung bei der zuständigen Behörde, soweit Bundesrecht nicht entgegensteht. Durch Rechtsverordnung des Innenministers können Anträge, die bei anderen Behörden zu stellen sind, in diese Regelung einbezogen werden.

(4)   Die Verwirklichung des Verfassungsauftrages der Gleichberechtigung von Mann und Frau ist auch eine Aufgabe der Gemeinde. Zur Wahrnehmung dieser Aufgabe kann die Gemeinde Gleichstellungsbeauftragte bestellen.

VV zu § 6 a

1 Zu den Pflichten der Gemeinden nach § 6 a Abs. 1 gehören z. B.

- Auskünfte über Zuständigkeiten,
- Herstellung von Verbindungen zu den zuständigen Behörden,
- Hilfestellung bei der Ausfüllung von Anträgen und Formularen,
- Hinweise auf andere Informationsmöglichkeiten,
- Bereitstellen von öffentlich-rechtlichen Vorschriften zur Einsichtnahme.

   Daneben wird ausdrücklich auf die Pflichten der Gemeinden als Auskunftsstellen nach § 15 Abs. 1 l. Buch des Sozialgesetzbuches hingewiesen.

2 Auch wenn die Gemeinden nach § 6 a Abs. 2 nicht ausdrücklich verpflichtet sind, von sich aus andere Behörden um Vordrucke zu bitten, sollten sie sich dennoch darum bemühen, häufig benötigte Vordrucke zu besorgen.

3.1 Anträge im Sinne des § 6 a Abs. 3 sind alle Rechtshandlungen, die der Einleitung, Fortführung oder Beeinflussung von Verwaltungsverfahren dienen.

3.2 Die Pflicht, Anträge unverzüglich an die zuständige Behörde weiterzuleiten, besteht auch in den Fällen, in denen die Gemeinde von der zuständigen Behörde zu beteiligen ist. Die Gemeinden haben die Anträge unmittelbar auch außerhalb des Dienstweges der zuständigen Behörde zuzuleiten.

4 Zu Gleichstellungsbeauftragten können Bedienstete der Gemeindeverwaltung, aber auch Ratsmitglieder, sachkundige Bürger und sachkundige Einwohner bestellt werden. In jedem Falle müssen sich Stellung und Aufgaben der Gleichstellungsbeauftragten in die Grundstruktur der Kommunalverfassung nach der Gemeindeordnung einfügen. Im besonderen darf durch die Bestellung von Gleichstellungsbeauftragten die Zuständigkeit einschließlich der Entscheidungsbefugnisse des Rates, der Ausschüsse, der Bezirksvertretungen und des Gemeindedirektors nicht eingeschränkt werden. Ferner sind die Aufgaben der Gleichstellungsbeauftragten auf Angelegenheiten beschränkt, für die die Gemeinde zuständig ist.

§ 6 b Unterrichtung der Einwohner

(1) Der Rat unterrichtet die Einwohner über die allgemein bedeutsamen Angelegenheiten der Gemeinde. Bei wichtigen Planungen und Vorhaben der Gemeinde, die unmittelbar raum- oder entwicklungsbedeutsam sind oder das wirtschaftliche, soziale oder kulturelle Wohl ihrer Einwohner nachhaltig berühren, sollen die Einwohner möglichst frühzeitig über die Grundlagen sowie Ziele, Zwecke und Auswirkungen unterrichtet werden.

(2) Die Unterrichtung ist in der Regel so vorzunehmen, daß Gelegenheit zur Äußerung und zur Erörterung besteht. Zu diesem Zweck kann der Rat Versammlungen der Einwohner anberaumen, die auf Gemeindebezirke (Ortschaften) beschränkt werden können. Die näheren Einzelheiten, insbesondere die Beteiligung der Bezirksvertretungen in den kreisfreien Städten, sind in der Hauptsatzung zu regeln. Vorschriften über eine förmliche Beteiligung oder Anhörung bleiben unberührt.

(3) Ein Verstoß gegen die Absätze 1 und 2 berührt die Rechtmäßigkeit der Entscheidung nicht.

VV zu § 6 b

1   Der Rat sollte in der Hauptsatzung in aller Regel nicht nur die Art der Unterrichtung regeln (§ 6 b Abs. 2), sondern dort auch festlegen, was er unter allgemein bedeutsamen Angelegenheiten und wichtigen Planungen und Vorhaben (§ 6 Abs. 1) versteht.

2   Als Formen der Unterrichtung kommen neben Einwohnerversammlungen z. B. öffentliche Anhörungen, Flugblattaktionen, Bürgerbriefe in Betracht. Die Hauptsatzung regelt das Verfahren bei Einwohnerversammlungen.

3   Unabhängig von den Regelungen nach § 6 b ist der wesentliche Inhalt von Beschlüssen nach § 37 Abs. 2 der Öffentlichkeit zugänglich zu machen. Das Recht und die Pflicht des Gemeindedirektors, im Rahmen seiner Befugnisse die Öffentlichkeit zu unterrichten, bleibt unberührt.

§ 6 c Bürgerantrag

(1)   Jeder hat das Recht, sich einzeln oder in Gemeinschaft mit anderen schriftlich mit Anregungen oder Beschwerden in Angelegenheiten der Gemeinde an den Rat zu wenden.[9]) Die Zuständigkeiten der Ausschüsse, der Bezirksvertretungen und des Gemeindedirektors werden hierdurch nicht berührt. Zur Erledigung von Anregungen und Beschwerden kann der Rat einen Beschwerdeausschuß bilden.[10]) Der Antragsteller ist über die Stellungnahme zu den Anregungen und Beschwerden zu unterrichten.[11])

(2)   Die näheren Einzelheiten regelt die Hauptsatzung.

VV zu § 6 c

Nach § 6 c Abs. 1 hat jeder einen Anspruch darauf, daß sich der Rat mit einer an ihn gerichteten Eingabe befaßt, sofern sie Angelegenheiten betrifft, für welche die Gemeinde zuständig ist. Dem Rat obliegt es, zu den Anregungen und Beschwerden Stellung zu nehmen. Dabei hat er die Zuständigkeiten anderer Gemeindeorgane zu beachten. In Fällen der Zuständigkeit eines anderen Gemeindeorgans kann der Rat allenfalls Empfehlungen aussprechen oder das zuständige Organ um nochmalige Prüfung der Angelegenheit bitten. Die Vorbereitung der Stellungnahme des Rates und ihre Mitteilung an den Antragsteller ist grundsätzlich Sache des Gemeindedirektors (vgl. § 47 Abs. 1 Satz 1 und 2).

Der Rat kann zur Vorbereitung seiner Stellungnahmen oder zur selbständigen Erledigung der Anregungen und Beschwerden einen Beschwerdeausschuß bilden. Auf die Einrichtung eines Beschwerdeausschusses sollte er nur dann verzichten, wenn er die gesetzliche Verpflichtung nach § 6 c Abs. 1 formell und inhaltlich selbst wahrnehmen kann.

---

[9]) Zur Auslegung OVG NW, Urt. v. 26. 7. 1978 – XV A 1368/76 – DVBl 78, 895; BVerwG, Urt. v. 22. 5. 1980 – 7 C 73/78 – NJW 81, 700; OVG Lüneburg, Urt. v. 9. 5. 1984 – 2 OVG A 28/83 – DÖV 1985, 165; Zur Reichweite eines Bürgerantrages HessVGH Urt. v. 14. 7. 1988 – 6 UE 296/85 – DVBl 1989, 162

[10]) Keine Bildung von Untersuchungsausschüssen OVG Lüneburg, Urt. v. 20. 8. 1968 – II B 35/68 – OVGE 24, 466

[11]) Zum Bescheidungsrecht VG Arnsberg, Urt. v. 12. 7. 1984 – 1 K 3315/83 – Mitt. NWStGB 85, 18

§ 7 *(aufgehoben)*

§ 8 Wirtschaftsführung

Die Gemeinden haben ihr Vermögen und ihre Einkünfte so zu verwalten, daß die Gemeindefinanzen gesund bleiben. Auf die wirtschaftliche Leistungsfähigkeit der Abgabepflichtigen ist Rücksicht zu nehmen.[12])

§ 9 Aufsicht

Die Aufsicht des Landes schützt die Gemeinden in ihren Rechten und sichert die Erfüllung ihrer Pflichten.[13])

II. TEIL: Name und Wahrzeichen

§ 10 Name und Bezeichnung

(1) Die Gemeinden führen ihren bisherigen Namen. Der Rat kann mit einer Mehrheit von drei Vierteln seiner Mitglieder den Gemeindenamen ändern. Die Änderung des Gemeindenamens bedarf der Genehmigung des Innenministers. Sätze 2 und 3 finden auch in den Fällen Anwendung, in denen der Gemeindename durch Gesetz festgelegt wurde, wenn seit dem Inkrafttreten des Gesetzes zehn Jahre vergangen sind.[14])

(2) Die Bezeichnung „Stadt" führen die Gemeinden, denen diese Bezeichnung nach dem bisherigen Recht zusteht oder auf Antrag von der Landesregierung verliehen wird. Sobald die Landesregierung nach § 3 a Abs. 2 oder 3 festgestellt hat, daß eine Gemeinde erstmalig als Mittlere kreisangehörige Stadt zusätzliche Aufgaben

---

[12]) Verfassungswidrigkeit der Aufstockung II im GFG 83 VerfGH NW, Urt. v. 19. 7. 1985 – II/84 – StGR 85, 293; Verfassungsbeschwerde gegen GFG 1986 VerfGH NW, Urt. v. 16. 12. 1988 – 9/87 – StGR 1989, 55

[13]) OVG NW, Urt. v. 23. 1. 1963 – III A 355/57 – OVGE 18, 227

[14]) Namensänderung durch Gesetzgeber BVerfG, Beschl. v. 12. 1. 1982 – 2BvR 113/81 – NwVZ 82, 367; Beschl. v. 17. 1. 1979 – 2BvR 6/76 – NJW 79, 1347; Bahnhofsbezeichnung und Gemeindename Mitt. NWStGB 81, 39; Zum Ermessen der Landesreg. bei der Bezeichnung „Stadt" OVG NW, Urt. v. 20. 5. 1988 – 15 A 406/85 – NWVBl 1988, 337

wahrzunehmen hat, führt diese Gemeinde die Bezeichnung „Stadt"; sie führt diese Bezeichnung unabhängig von der künftigen Einwohnerentwicklung fort.

VV zu § 10

1   Absatz 1 bezieht sich nur auf den Namen der Gemeinde. Über die Benennung von Gemeindeteilen (Stadtteile, Bezirke, Ortschaften, Bauerschaften, Wohnplätze) entscheidet die Gemeinde, ohne daß es einer Mehrheit von drei Vierteln der Ratsmitglieder oder der Genehmigung des Innenministers bedarf.

2   Eines Ratsbeschlusses nach § 10 Abs. 1 Satz 2 und der Genehmigung des Innenministers bedarf es bei jeder Änderung des Namens der Gemeinde, seiner Schreibweise sowie der Festsetzung unterscheidender Zusätze.

3   Vor der Vorlage von Beschlüssen nach § 10 Abs. 1 Satz 2 an den Innenminister ist dem Landesamt für Datenverarbeitung und Statistik und der zuständigen Oberpostdirektion Gelegenheit zur Stellungnahme zu geben. Das gleiche gilt zugunsten der zuständigen Bundesbahndirektion, soweit es sich um Gemeinden handelt, in deren Gebiet Bundesbahnstationen liegen. Diese Stellungnahmen hat der Regierungspräsident einzuholen, sofern sie nicht bereits von der Gemeinde eingeholt worden sind.

4   Doppelnamen sind wegen ihrer Schwerfälligkeit (z. B. bei der Datenverarbeitung) und Unklarheit im Hinblick auf die Kennzeichnung von Ortsteilen möglichst zu vermeiden.

5   Die Bezeichnung „Stadt" kann Gemeinden verliehen werden, die nach Struktur, Siedlungsform, Gebietsumfang, Einwohnerzahl und anderen, die soziale und kulturelle Eigenart der örtlichen Gemeinschaft bestimmenden Merkmalen städtisches Gepräge haben. Da bereits alle nach § 3 a Abs. 2 oder 3 bezeichneten Gemeinden kraft Gesetzes die Bezeichnung „Stadt" führen, ist die Verleihung der Bezeichnung durch die Landesregierung (§ 10 Abs. 2 Satz 1) auf besonders begründete Ausnahmen begrenzt.

§ 11 Siegel, Wappen und Flaggen

(1) Die Gemeinden führen Dienstsiegel.

(2) Die Gemeinden führen ihre bisherigen Wappen und Flaggen.[15])

(3) Die Änderung und die Einführung von Dienstsiegeln, Wappen und Flaggen bedürfen der Genehmigung des Regierungspräsidenten.

VV zu § 11

1   Jede Gemeinde ist zur Führung eines Dienstsiegels verpflichtet. Soweit Gemeinden das Recht zur Wappenführung besitzen, führen sie ihr Wappen im Dienstsiegel. Gemeinden, die kein eigenes Wappen führen, verwenden nach § 5 der Verordnung über die Führung des Landeswappens vom 16. Mai 1956 (GS. NW. S. 140), zuletzt geändert durch Verordnung vom 17. Februar 1984 (GV. NW. S. 197), – SGV. NW. 113 – als Dienstsiegel das kleine Landessiegel in abgewandelter Form.

2   Abgesehen von den ausdrücklich vorgeschriebenen Fällen sollen die Gemeinden das Dienstsiegel insbesondere in den Fällen der §§ 54 und 56 verwenden.

III. TEIL: Gemeindegebiet

§ 12 Gebietsbestand

(1) Das Gebiet der Gemeinde besteht aus den Grundstücken, die nach geltendem Recht zu ihr gehören. Grenzstreitigkeiten entscheidet die Aufsichtsbehörde.

(2) Jedes Grundstück soll zu einer Gemeinde gehören.

---

[15]) Kammergericht, Urt. v. 10. 11. 1948 – 6 U 1927/48 – StT 49, 271

§ 13 Stadtbezirke in den kreisfreien Städten

(1) Die kreisfreien Städte sind verpflichtet, das gesamte Stadtgebiet in Stadtbezirke einzuteilen.

(2) Bei der Einteilung des Stadtgebiets in Stadtbezirke soll auf die Siedlungsstruktur, die Bevölkerungsverteilung und die Ziele der Stadtentwicklung Rücksicht genommen werden. Die einzelnen Stadtbezirke sollen eine engere örtliche Gemeinschaft umfassen und nach der Fläche und nach der Einwohnerzahl so abgegrenzt werden, daß sie gleichermaßen bei der Erfüllung gemeindlicher Aufgaben beteiligt werden können; zu diesem Zweck können benachbarte Wohngebiete zu einem Stadtbezirk zusammengefaßt werden. Der Kernbereich des Stadtgebiets soll nicht auf mehrere Stadtbezirke aufgeteilt werden.

(3) Das Stadtgebiet soll in nicht weniger als drei und in nicht mehr als zehn Stadtbezirke eingeteilt werden.

(4) Die näheren Einzelheiten regelt die Hauptsatzung. Stadtbezirksgrenzen können nur zum Ende der Wahlzeit des Rates geändert werden.

(5) Die Aufsichtsbehörde kann im Einzelfall zulassen, daß

a) das Stadtgebiet ausnahmsweise nicht in Stadtbezirke eingeteilt wird, wenn die Besonderheiten der Siedlungsstruktur, die Bevölkerungsverteilung und die Ziele der Stadtentwicklung der Einteilung in Stadtbezirke entgegenstehen,

b) Teile des Stadtgebietes ausnahmsweise keinem Stadtbezirk zugeordnet werden, wenn dies aus den in Buchstabe a genannten oder anderen wichtigen Gründen geboten erscheint,

c) das Stadtgebiet in mehr als zehn Stadtbezirke eingeteilt wird, wenn dies wegen der Abgrenzungsmerkmale nach Absatz 2 erforderlich sein sollte.

§ 13 a   Bezirksvertretungen in den kreisfreien Städten[16])

(1)   Für jeden Stadtbezirk ist eine Bezirksvertretung zu bilden. Die Mitglieder der Bezirksvertretungen werden in allgemeiner, unmittelbarer, freier, gleicher und geheimer Wahl auf die Dauer von fünf Jahren gewählt. Die näheren Vorschriften trifft das Kommunalwahlgesetz. Nach Ablauf der Wahlzeit üben die bisherigen Mitglieder der Bezirksvertretungen ihre Tätigkeit bis zum Zusammentritt der neugewählten Bezirksvertretung weiter aus.

(2)   Die Bezirksvertretung besteht aus mindestens elf und höchstens neunzehn Mitgliedern einschließlich des Vorsitzenden. Der Vorsitzende führt die Bezeichnung Bezirksvorsteher. Die Mitgliederzahlen können nach den Einwohnerzahlen der Stadtbezirke gestaffelt werden; die Gesamtzahl der Mitglieder muß ungerade sein. Das Nähere regelt die Hauptsatzung.

(3)   Der bisherige Bezirksvorsteher beruft die Bezirksvertretung spätestens drei Wochen nach der Neuwahl zu ihrer ersten Sitzung ein. Die Bezirksvertretung wählt aus ihrer Mitte ohne Aussprache den Bezirksvorsteher und einen oder mehrere Stellvertreter. § 32 Abs. 2 bis 5 findet entsprechende Anwendung. Der Bezirksvorsteher und die Stellvertreter dürfen nicht zugleich Vorsitzender oder stellvertretender Vorsitzender des Rates der Stadt sein.

(4)   Die Mitglieder der Bezirksvertretung erhalten Ersatz des Verdienstausfalls nach Maßgabe des § 30 Abs. 4. Sie erhalten daneben eine in der Hauptsatzung festzusetzende Aufwandsentschädigung, für die der Innenminister durch Rechtsverordnung nach Maßgabe des § 30 Abs. 5 Satz 4 Höchstsätze bestimmt.[17]) Der Bezirksvorsteher kann neben den Entschädigungen, die ihm als Mitglied der Bezirksvertretung zustehen, eine in der Hauptsatzung festzusetzende Aufwandsentschädigung erhalten. Für Stellvertreter des Bezirksvorstehers sowie für Fraktionsvorsitzende können in der Hauptsatzung entsprechende Regelungen getroffen werden. Der Innenminister bestimmt durch Rechtsverordnung, welche Höchstsätze hierbei nicht überschritten werden dürfen.

---

[16]) Zur Auslegung der §§ 13a ff. Pritzkoleit, VR 84, 367
[17]) Vgl. Entschädigungsverordnung vom 8. 12. 1985 (hier Anhang 4)

(5) Die Bezirksvertretungen dürfen keine Ausschüsse bilden. Auf die Mitglieder der Bezirksvertretungen und das Verfahren in den Bezirksvertretungen finden die für den Rat geltenden Vorschriften mit der Maßgabe entsprechende Anwendung, daß die Geschäftsordnung des Rates besondere Regelungen für die Bezirksvertretungen enthält und in Fällen äußerster Dringlichkeit der Bezirksvorsteher mit einem Mitglied der Bezirksvertretung entscheiden kann; § 43 Abs. 1 Satz 2 findet keine Anwendung. Abweichend von § 33 Abs. 1 Satz 4 brauchen Zeit und Ort der Sitzungen der Bezirksvertretungen sowie die Tagesordnung nicht öffentlich bekanntgemacht zu werden; der Oberstadtdirektor soll die Öffentlichkeit hierüber vorher in geeigneter Weise unterrichten. Zu einzelnen Punkten der Tagesordnung können Sachverständige und Einwohner gehört werden.

(6) Der Oberbürgermeister hat das Recht, mit beratender Stimme an den Sitzungen der Bezirksvertretungen teilzunehmen; ihm ist auf Verlangen jederzeit das Wort zu erteilen. Außerdem haben nicht der Bezirksvertretung als ordentliche Mitglieder angehörende Ratsmitglieder, die in dem Stadtbezirk wohnen oder dort kandidiert haben, das Recht, an den Sitzungen der Bezirksvertretung mit beratender Stimme teilzunehmen. Zu diesem Zweck sind der Oberbürgermeister und diese Ratsmitglieder wie die ordentlichen Mitglieder der Bezirksvertretung zu deren Sitzungen zu laden. Die übrigen Ratsmitglieder und Ausschußmitglieder können nach Maßgabe der Geschäftsordnung an nichtöffentlichen Sitzungen als Zuhörer teilnehmen. Die Teilnahme an Sitzungen als Zuhörer begründet keinen Anspruch auf Ersatz des Verdienstausfalls und auf Zahlung von Sitzungsgeld.

VV zu § 13 a

1   Die Anhörung von Sachverständigen und Einwohnern zu einzelnen Punkten der Tagesordnung (Absatz 5 letzter Satz) darf nicht zu einer Mitberatung führen.

2   Wegen der Fragestunden in Bezirksvertretungen wird auf Nr. 2 der VV zu § 33 hingewiesen.

§ 13 b Aufgaben der Bezirksvertretung in den kreisfreien Städten

(1) Soweit nicht der Rat nach § 28 Abs. 1 ausschließlich zuständig ist, entscheiden die Bezirksvertretungen unter Beachtung der Belange der gesamten Stadt und im Rahmen der vom Rat erlassenen allgemeinen Richtlinien in folgenden Angelegenheiten:

a) Unterhaltung und Ausstattung der im Stadtbezirk gelegenen Schulen und öffentlichen Einrichtungen, wie Sportplätze, Altenheime, Friedhöfe, Büchereien und ähnliche soziale und kulturelle Einrichtungen, deren Bedeutung nicht wesentlich über den Stadtbezirk hinausgeht;

b) Pflege des Ortsbildes und Ausgestaltung der Grün- und Parkanlagen, deren Bedeutung nicht wesentlich über den Stadtbezirk hinausgeht;

c) die Festlegung der Reihenfolge der Arbeiten zum Um- und Ausbau sowie zur Unterhaltung und Instandsetzung von Straßen, Wegen und Plätzen von bezirklicher Bedeutung einschließlich der Straßenbeleuchtung, soweit es sich nicht um die Verkehrssicherungspflicht handelt;

d) Betreuung und Unterstützung örtlicher Vereine, Verbände und sonstiger Vereinigungen im Stadtbezirk;

e) Veranstaltungen der Heimatpflege und des Brauchtums im Stadtbezirk, Pflege von vorhandenen Paten- oder Städtepartnerschaften;

f) Information, Dokumentation und Repräsentation in Angelegenheiten des Stadtbezirks.

Der Rat kann die in Satz 1 aufgezählten Aufgaben im einzelnen abgrenzen.

(2) Über die Aufgaben nach Absatz 1 hinaus sind die Bezirksvertretungen in allen übrigen Angelegenheiten zuständig, deren Bedeutung nicht wesentlich über den Stadtbezirk hinausgeht. Die näheren Einzelheiten sind in der Hauptsatzung zu regeln. Hinsicht-

lich der einfachen Geschäfte der laufenden Verwaltung gilt § 28 Abs. 3.[18])

(3) Bei Streitigkeiten der Bezirksvertretungen untereinander und zwischen Bezirksvertretungen und den Ausschüssen über Zuständigkeiten im Einzelfall entscheidet der Hauptausschuß.

(4) Die Bezirksvertretungen erfüllen die ihnen zugewiesenen Aufgaben im Rahmen der vom Rat bereitgestellten Haushaltsmittel. Die Haushaltsansätze sollen nach den Gesamtausgaben der Stadt unter Berücksichtigung des Umfangs der entsprechenden Anlagen und Einrichtungen festgesetzt werden. Die Bezirksvertretungen sind insoweit bei den Beratungen über die Haushaltssatzung zu hören.

(5) Die Bezirksvertretung ist zu allen wichtigen Angelegenheiten, die den Stadtbezirk berühren, zu hören. Insbesondere ist ihr vor der Beschlußfassung des Rates über Planungs- und Investitionsvorhaben im Bezirk und über Bebauungspläne für den Bezirk Gelegenheit zur Stellungnahme zu geben. Darüber hinaus hat die Bezirksvertretung bei diesen Vorhaben, insbesondere im Rahmen der Bauleitplanung, für ihr Gebiet dem Rat gegenüber ein Anregungsrecht. Der Rat kann allgemein oder im Einzelfall bestimmen, daß bei der Aufstellung von Bebauungsplänen von räumlich auf den Stadtbezirk begrenzter Bedeutung das Beteiligungsverfahren nach § 2 a Bundesbaugesetz den Bezirksvertretungen übertragen wird. Die Bezirksvertretung kann zu allen den Stadtbezirk betreffenden Angelegenheiten Vorschläge und Anregungen machen. Insbesondere kann sie Vorschläge für vom Rat für den Stadtbezirk zu wählende oder zu bestellende ehrenamtlich tätige Personen unterbreiten. Bei Beratungen des Rates oder eines Ausschusses über Angelegenheiten, die auf einen Vorschlag oder eine Anregung einer Bezirksvertretung zurückgehen, haben der Bezirksvorsteher oder sein Stellvertreter das Recht, dazu in der Sitzung gehört zu werden.

(6) Der Oberbürgermeister oder der Bezirksvorsteher können einem Beschluß der Bezirksvertretung spätestens am vierzehnten

---

[18]) Angelegenheiten des Bezirks VGH Kassel, Beschl. v. 30. 6. 1977 – VN 11/73 – NJW 78, 907

Tag nach der Beschlußfassung unter schriftlicher Begründung widersprechen, wenn sie der Auffassung sind, daß der Beschluß das Wohl der Stadt gefährdet. Der Widerspruch hat aufschiebende Wirkung. Über die Angelegenheit ist in einer neuen Sitzung der Bezirksvertretung, die frühestens am dritten Tag und spätestens drei Wochen nach dem Widerspruch stattzufinden hat, erneut zu beschließen. Verbleibt die Bezirksvertretung bei ihrem Beschluß, so entscheidet der Rat endgültig, wenn der Widersprechende das verlangt. Im übrigen gilt § 39 Abs. 3 entsprechend.

VV zu § 13 b

1 § 13 b gibt den Bezirksvertretungen eine umfassende Zuständigkeit für Angelegenheiten des Stadtbezirks. Ihre Befugnisse erstrecken sich nicht auf die dem Rat nach § 28 Abs. 1 vorbehaltenen Angelegenheiten. Sie sind verpflichtet, bei ihren Entscheidungen die Belange der Gesamtstadt zu berücksichtigen. Das bedeutet, daß die Bezirksvertretungen ihre Aufgaben so wahrzunehmen haben, daß die einheitliche Verwaltung der Städte in bezug auf die Pflichten gegenüber allen Bürgern und Einwohnern und in bezug auf überbezirkliche und gesamtstädtische Notwendigkeiten nicht beeinträchtigt oder gefährdet wird. Dieser Verpflichtung entspricht die Pflicht des Rates, bei seinen Entscheidungen die bezirklichen Belange zu berücksichtigen.

Für die in § 13 b Abs. 1 bezeichneten Aufgaben ist dem Rat ausdrücklich eine Richtlinien- und Abgrenzungskompetenz eingeräumt. Der Rat ist verpflichtet, zur näheren Festlegung der gesetzlich nicht einzeln bezeichneten Aufgaben nach Absatz 2 Regelungen in der Hauptsatzung zu treffen. Die Beantwortung der Frage, welche Angelegenheiten in ihrer Bedeutung nicht wesentlich über den Stadtbezirk hinausgehen, richtet sich insbesondere nach Größe und Struktur der kreisfreien Stadt und ihrer Stadtbezirke. Auch für die Aufgaben nach Absatz 2 kann der Rat Richtlinien für die Aufgabenwahrnehmung aufstellen.

Die Bezirksvertretungen können in einfachen Geschäften der laufenden Verwaltung nur tätig werden, wenn der Rat ihnen nach § 28 Abs. 3 einen bestimmten Kreis von Geschäften oder einen Einzelfall vorbehält. Sofern Abgrenzungen der Zuständigkeiten zwischen Rat, Ausschüssen, dem Oberstadtdirektor und den Bezirksvertretungen durch Wertgrenzen vorgenommen werden, dürfen diese nicht so festgesetzt werden, daß die Bezirksvertretungen nur noch in Ausnahmefällen zuständig sind.

2 Örtliche, auf den Stadtbezirk bezogene Bedeutung haben Einrichtungen, Anlagen und Maßnahmen auch dann, wenn die Interessen benachbarter Stadtbezirke nur unwesentlich berührt werden.

Unterhaltung im Sinne des § 13 b Abs. 1 Buchstabe a ist nicht nur bauliche Unterhaltung. „Ausstattung" umfaßt auch die Erstausstattung.

Die Repräsentation des Stadtbezirks (§ 13 b Abs. 1 Buchstabe f) steht der Bezirksvertretung im Rahmen ihrer Aufgaben in gleichem Maße zu, wie dem Rat für die gesamte Stadt.

3 Die Bezirksvertretungen haben keinen Anspruch auf Haushaltmittel in bestimmter Höhe. Allerdings ist der Rat durch Absatz 4 Satz 2 gehalten, den Bezirksvertretungen im Rahmen des Haushaltsplans Haushaltmittel zur Verfügung zu stellen, damit sie von ihren Entscheidungsbefugnissen auch tatsächlich Gebrauch machen können. Das Recht, die Haushaltssatzung zu erlassen und die damit verbundenen Festsetzungen des Haushaltsplans zu bestimmen, liegt uneingeschränkt beim Rat, darf aber nicht so wahrgenommen werden, daß die gesetzlichen Zuständigkeiten der Bezirksvertretungen in der Wirklichkeit nicht ausgeübt werden können. Aus dem Haushaltsplan soll sich ergeben, welche Mittel den einzelnen Bezirksvertretungen zur Erfüllung der ihnen obliegenden Aufgaben zur Verfügung stehen.

§ 13 c Bezirksverwaltungsstellen in den kreisfreien Städten

(1) Für jeden Stadtbezirk ist eine Bezirksverwaltungsstelle einzurichten. Die Hauptsatzung kann bestimmen, daß eine Bezirksverwaltungsstelle für mehrere Stadtbezirke zuständig ist oder daß im Stadtbezirk gelegene zentrale Verwaltungsstellen die Aufgaben einer Bezirksverwaltungsstelle miterfüllen.

(2) In der Bezirksverwaltungsstelle sollen im Rahmen einer sparsamen und wirtschaftlichen Haushaltsführung Dienststellen so eingerichtet und zusammengefaßt werden, daß eine möglichst ortsnahe Erledigung der Verwaltungsaufgaben gewährleistet ist. Die Befugnisse, die dem Oberstadtdirektor nach § 53 zustehen, bleiben unberührt.

(3) Der Leiter der Bezirksverwaltungsstelle oder sein Vertreter ist verpflichtet, an den Sitzungen der Bezirksvertretung teilzunehmen.

(4) Der Oberstadtdirektor ist berechtigt und auf Verlangen einer Bezirksvertretung verpflichtet, an den Sitzungen der Bezirksvertretung teilzunehmen. Er kann sich von einem Beigeordneten oder einer anderen leitenden Dienstkraft vertreten lassen. Das Nähere regelt die Hauptsatzung.

§ 13 d Gemeindebezirke in den kreisangehörigen Gemeinden

(1) Das Gemeindegebiet kann in Bezirke (Ortschaften) eingeteilt werden. Dabei ist auf die Siedlungsstruktur, die Bevölkerungsverteilung und die Ziele der Gemeindeentwicklung Rücksicht zu nehmen.

(2) Für jeden Gemeindebezirk sind vom Rat entweder Bezirksausschüsse zu bilden oder Ortsvorsteher zu wählen. In Gemeindebezirken mit Bezirksausschüssen können Bezirksverwaltungsstellen eingerichtet werden.

(3) Den Bezirksausschüssen sollen im Rahmen des § 28 Abs. 2 Aufgaben zur Entscheidung übertragen werden, die sich ohne Beeinträchtigung der einheitlichen Entwicklung der gesamten Gemeinde innerhalb eines Gemeindebezirks erledigen lassen. Der Rat kann allgemeine Richtlinien erlassen, die bei der Wahrnehmung der den Bezirksausschüssen zugewiesenen Aufgaben zu beachten sind. Er stellt die erforderlichen Haushaltsmittel bereit. § 13 b Abs. 5 gilt entsprechend.

(4) Auf die Bezirksausschüsse sind die für die Ausschüsse des Rates geltenden Vorschriften mit folgenden Maßgaben anzuwenden:

1. Bei der Bestellung der Mitglieder durch den Rat ist das bei der Wahl des Rates im jeweiligen Gemeindebezirk erzielte Stimmenverhältnis zugrunde zu legen;

2. ihnen dürfen mehr sachkundige Bürger als Ratsmitglieder angehören;

3. für Parteien und Wählergruppen, die im Rat vertreten sind, findet § 42 Abs. 1 Satz 6 bis 9 sinngemäß Anwendung, sofern sie fünf vom Hundert und mehr der gültigen Stimmen im Gemeindebezirk erreicht haben;

4. der Bezirksausschuß wählt aus den ihm angehörenden Ratsmitgliedern einen Vorsitzenden und einen oder mehrere Stellvertreter; § 32 Abs. 2 findet entsprechende Anwendung.

(5) § 13 a Abs. 6 gilt entsprechend.

(6) Ortsvorsteher wählt der Rat unter Berücksichtigung des bei der Wahl des Rates im jeweiligen Gemeindebezirk erzielten Stimmenverhältnisses für die Dauer seiner Wahlzeit[19]). Sie müssen in dem Bezirk, für den sie bestellt werden, wohnen und dem Rat angehören oder angehören können. § 32 Abs. 4 Satz 1 bis 6 gilt entsprechend.

(7) Der Ortsvorsteher soll die Belange seines Bezirks gegenüber dem Rat wahrnehmen. Falls er nicht Ratsmitglied ist, darf er an den Sitzungen des Rates und der in § 43 genannten Ausschüsse weder entscheidend noch mit beratender Stimme mitwirken; das Recht, auch dort gehört zu werden, kann zugelassen werden. Der Ortsvorsteher kann für das Gebiet seiner Ortschaft mit der Erledigung bestimmter Geschäfte der laufenden Verwaltung beauftragt werden; er ist sodann zum Ehrenbeamten zu ernennen. Er führt diese Geschäfte in Verantwortung gegenüber dem Gemeindedirektor durch. Er kann eine angemessene Aufwandsentschädigung erhalten, deren Höhe in der Hauptsatzung festzulegen ist. Der Innenminister bestimmt durch Rechtsverordnung, welche Höchstsätze nicht überschritten werden dürfen. Ortsvorsteher erhalten Ersatz des Verdienstausfalls nach Maßgabe des § 30 Abs. 4.

---

[19]) Berüchsichtigung des erzielten Stimmenverhältnisses OVG NW Urt. v. 14. 10. 1988 – 15 A 1004/86 – Mitt NW StGB 1988, 569

(8) Die im Rahmen der Bezirkseinteilung erforderlichen Vorschriften trifft der Rat durch die Hauptsatzung.

VV zu § 13 d

1 Grundsätzlich soll ein Gemeindebezirk in seinen Grenzen mit einem oder mehreren Wahlbezirken übereinstimmen (vgl. § 4 Abs. 2 Satz 2 KWahlG). Wenn Gemeindebezirke (Ortschaften) gelegentlich eine so geringe Einwohnerzahl aufweisen, daß wegen der vorrangigen Toleranzgrenze nach § 4 Abs. 2 Satz 3 KWahlG eine Übereinstimmung mit den Grenzen eines Wahlbezirks nicht zu erreichen ist, kann ausnahmsweise von der Forderung des § 4 Abs. 2 Satz 2 KWahlG abgewichen werden. Um sicherzustellen, daß das im Gemeindebezirk bei der Wahl des Rates erzielte Stimmenverhältnis genau ermittelt werden kann (§ 13 d Abs. 4 Nr. 1), ist für diesen Gemeindebezirk unter Berücksichtigung des § 5 Abs. 2 Satz 4 KWahlG ein Stimmbezirk zu bilden.

2 Da nach Absatz 4 Nr. 1 das bei der Wahl des Rates im jeweiligen Gemeindebezirk erzielte Stimmenverhältnis zugrunde gelegt werden muß, kann es sich bei der Bestellung der Ausschußmitglieder durch den Rat nicht um eine Wahl im Sinne des § 35 Abs. 3 handeln. Regelmäßig werden die im Rat vertretenen Parteien oder Wählergruppen Personen als Bezirksausschußmitglieder namhaft machen, sobald der Rat die Zahl der Ausschußsitze und den Anteil an sachkundigen Bürgern in der Hauptsatzung festgelegt und der Gemeindedirektor den auf die einzelnen Parteien oder Wählergruppen entfallenden Anteil errechnet hat. Der Rat entscheidet nach pflichtgemäßem Ermessen über die Sitzzahl und den Anteil an sachkundigen Bürgern.

Bei der Bestellung der Ausschußmitglieder ist allerdings zu berücksichtigen, daß der Bezirksvorsteher und seine Stellvertreter Ratsmitglieder sein müssen (§ 13 d Abs. 4 Nr. 4). Eine entsprechende Zahl von Ratsmitgliedern muß dem Bezirksausschuß mindestens angehören.

3 Anders als den Bezirksvertretungen (§ 13 b) sind den Bezirksausschüssen keine gesetzlich aufgezählten Zuständigkeiten

zugewiesen. Wie den Bezirksvertretungen steht jedoch auch ihnen im Rahmen des § 13 b Abs. 5 ein gesetzliches Anhörungs- und Initiativrecht zu (§ 13 d Abs. 3 letzter Satz).

4   Die Wahl der Ortsvorsteher gehört zu den ausschließlich dem Rat vorbehaltenen Aufgaben, die nicht auf einen Ausschuß oder den Gemeindedirektor übertragen werden können.

§ 14   Gebietsänderungen

(1) Aus Gründen des öffentlichen Wohles können Gemeindegrenzen geändert, Gemeinden aufgelöst oder neugebildet werden.[20])

(2) Werden durch die Änderung von Gemeindegrenzen die Grenzen von Gemeindeverbänden berührt, so bewirkt die Änderung der Gemeindegrenzen unmittelbar auch die Änderung der Gemeindeverbandsgrenzen.[21])

§ 15   Gebietsänderungsverträge

(1) Die beteiligten Gemeinden und Gemeindeverbände treffen, soweit erforderlich, Vereinbarungen über die aus Anlaß einer Gebietsänderung zu regelnden Einzelheiten (Gebietsänderungsverträge). In diese Verträge sind insbesondere die für die Auseinandersetzung, die Rechtsnachfolge und die Überleitung des Ortsrechts notwendigen Bestimmungen aufzunehmen.

(2) Gebietsänderungsverträge bedürfen der Genehmigung der Aufsichtsbehörde. Kommt ein Gebietsänderungsvertrag nicht zustande, so bestimmt die Aufsichtsbehörde die aus Anlaß der Gebietsänderung zu regelnden Einzelheiten.

VV zu § 15

1   Gebietsänderungen sind staatliche Organisationsakte; sie unterliegen nicht der Verfügungsgewalt der beteiligten Gemeinden und Gemeindeverbände. In einem Gebietsände-

---

[20]) BVerfG, Beschl. v. 27. 11. 1978 — 2 BvR 165/75 — NJW 79, 413 Überblick über Rechtsprechung Stüer, DÖV 78, 78
[21]) Rechtsfolgen bei Jagdgenossenschaften OVG Lüneburg, Urt. v. 30. 3. 1978 — III A 64/67 — Gemeinde 78, 317

rungsvertrag können demnach Vereinbarungen wirksam nur über solche Angelegenheiten getroffen werden, die aus Anlaß einer Gebietsänderung und zur Abwicklung ihrer Folgen geregelt werden müssen (§ 15 Abs. 1 Satz 1).

2   Bei der Bestimmung der Einzelheiten stehen der Aufsichtsbehörde grundsätzlich die gleichen Möglichkeiten zur Verfügung wie den Beteiligten eines Gebietsänderungsvertrages. Regelmäßig wird sich die Aufsichtsbehörde jedoch auf solche Bestimmungen zu beschränken haben, die aus Anlaß einer Gebietsänderung unbedingt geregelt werden müssen.

3   Ist die Aufsichtsbehörde zugleich die nach § 16 Abs. 3 Satz 2 zuständige Behörde, so sind die aus Anlaß der Gebietsänderung zu bestimmenden Einzelheiten in der Entscheidung zu regeln, mit der die Gebietsänderung ausgesprochen wird.

§ 16   Verfahren bei Gebietsänderungen

(1) Die Gemeinden haben vor Aufnahme von Verhandlungen über Änderungen ihres Gebiets die Aufsichtsbehörde zu unterrichten.

(2) Vor jeder Gebietsänderung ist der Wille der betroffenen Bevölkerung in der Weise festzustellen, daß den Räten der beteiligten Gemeinden Gelegenheit zur Stellungnahme gegeben wird. Außerdem sind die Gemeindeverbände zu hören, deren Grenzen durch die Gebietsänderung berührt werden.

(3) Änderungen des Gemeindegebiets bedürfen eines Gesetzes. In Fällen von geringer Bedeutung kann die Änderung von Gemeindegrenzen durch den Regierungspräsidenten ausgesprochen werden; wenn die Grenzen von Regierungsbezirken berührt werden, ist der Innenminister zuständig. Geringe Bedeutung hat eine Grenzänderung, wenn sie nicht mehr als 10 vom Hundert des Gemeindegebiets der abgebenden Gemeinde und nicht mehr als insgesamt 200 Einwohner erfaßt. Die Sätze 2 und 3 finden auch in dem Falle Anwendung, daß eine Gemeindegrenze durch Gesetz festgelegt wurde, wenn seit dem Inkrafttreten des Gesetzes zehn Jahre vergangen sind; gesetzliche Vorschriften, die die Änderung

von Gemeindegrenzen bereits zu einem früheren Zeitpunkt zulassen, bleiben unberührt.[22])

(4) In dem Gesetz oder in der Entscheidung nach Absatz 3 Satz 2 sind die Gebietsänderungsverträge oder die Bestimmungen der Aufsichtsbehörde über die Einzelheiten der Gebietsänderung zu bestätigen.

VV zu § 16

1   Nach Abschluß der Verhandlungen über die Gebietsänderungsverträge oder über die Bestimmungen der Aufsichtsbehörde über die Einzelheiten der Gebietsänderung (§ 15) hat die Aufsichtsbehörde in den Fällen des § 16 Abs. 3 Satz 1 dem Innenminister auf dem Dienstweg, in den Fällen des § 16 Abs. 3 Satz 2 dem Regierungspräsidenten zu berichten. In dem Bericht ist zum Ausdruck zu bringen, ob aus der Sicht der Landesplanung Bedenken gegen die beabsichtigte Gebietsänderung bestehen.

Der Bericht muß im einzelnen Aufschluß geben über

a) den Umfang der Gebietsänderung nach der Fläche; gegebenenfalls sind Flurstücke einzeln zu benennen und zu teilende Flurstücke vorher neu zu vermessen;

b) die Zahl der von der Gebietsänderung betroffenen Einwohner;

c) die haushaltsmäßigen Auswirkungen.

Dem Bericht sind beizufügen:

a) die Niederschriften über die Beschlüsse der Vertretungen der beteiligten Gemeinden, aus denen das Abstimmungsergebnis hervorgehen muß;

b) die genehmigten Gebietsänderungsverträge oder die von der Aufsichtsbehörde bestimmten Einzelheiten der Gebietsänderung (§ 48 Abs. 1 Satz 2 Buchstabe a KrO ist zu beachten);

c) die Stellungnahme der beteiligten Gemeindeverbände;

d) eine Karte im Maßstab 1:50 000, erforderlichenfalls auch

---

[22]) Administrative Änderungen OVG NW, Urt. v. 25. 6. 1982, – 15 A 457/80 – NVwZ 83, 302

eine Karte 1:5000 und Flurkarten, aus denen die vorgesehenen Gebietsänderungen und die bisherigen Gemeindegrenzen zu ersehen sind;

e) bei land- und forstwirtschaftlich genutzten Flächen eine Stellungnahme des Geschäftsführers der zuständigen Kreisstelle der Landwirtschaftskammer als Landesbeauftragten;

f) die Stellungnahme der zuständigen Landgerichtspräsidenten, für die Amtsgerichtsbezirke Dortmund, Düsseldorf, Essen und Köln der zuständigen Amtsgerichtspräsidenten, wegen möglicher Auswirkungen auf die Gerichtsbezirke;

g) bei vorgesehenen Namensänderungen oder der Benennung neuer Gemeinden die Stellungnahme der nach Nummer 3 der Verwaltungsvorschriften zu § 10 benannten Stellen.

2 In der Entscheidung nach § 16 Abs. 3 Satz 2 sind die umzugliedernden Gebietsteile mit ihrer Bezeichnung im Liegenschaftskataster – Gemarkung, Flur, Flurstück – aufzuführen. Außerdem soll die Flächengröße und die Zahl der betroffenen Einwohner aus der Entscheidung hervorgehen.

3 Die nach § 16 Abs. 3 Satz 2 zuständige Stelle unterrichtet den Justizminister, den Minister für Landes- und Stadtentwicklung und das Landesamt für Datenverarbeitung und Statistik NW von einer Gebietsänderung durch Übersendung eines Überdrucks der Entscheidung. Ist der Regierungspräsident zuständig, unterrichtet er außerdem den Innenminister. Dem Bericht an den Innenminister und an den Minister für Landes- und Stadtentwicklung ist eine Karte im Maßstab 1:50 000, erforderlichenfalls auch 1:5000 beizufügen, aus der die Grenzänderung zu ersehen ist.

4 § 58 Abs. 2 des Flurbereinigungsgesetzes bleibt durch die Vorschriften der Gemeindeordnung über die Voraussetzungen und das Verfahren bei Gebietsänderungen unberührt.

§ 17 Wirkungen der Gebietsänderung

(1) Der Ausspruch der Änderung des Gemeindegebiets und die Entscheidung über die Auseinandersetzung begründen Rechte und Pflichten der Beteiligten. Sie bewirken den Übergang, die

Beschränkung oder Aufhebung von dinglichen Rechten, sofern der Gebietsänderungsvertrag oder die Entscheidung über die Auseinandersetzung derartiges vorsehen. Die Aufsichtsbehörde ersucht die zuständigen Behörden um die Berichtigung des Grundbuchs, des Wasserbuchs und anderer öffentlicher Bücher. Sie kann Unschädlichkeitszeugnisse ausstellen.

(2) Rechtshandlungen, die aus Anlaß der Änderung des Gemeindegebiets erforderlich sind, sind frei von öffentlichen Abgaben sowie von Gebühren und Auslagen, soweit diese auf Landesrecht beruhen.

IV. TEIL: Einwohner und Bürger

§ 18 Gemeindliche Einrichtungen und Lasten

(1) Die Gemeinden schaffen innerhalb der Grenzen ihrer Leistungsfähigkeit die für die wirtschaftliche, soziale und kulturelle Betreuung ihrer Einwohner erforderlichen öffentlichen Einrichtungen.

(2) Alle Einwohner einer Gemeinde sind im Rahmen des geltenden Rechts berechtigt, die öffentlichen Einrichtungen der Gemeinde zu benutzen und verpflichtet, die Lasten zu tragen, die sich aus ihrer Zugehörigkeit zu der Gemeinde ergeben.[23])

(3) Grundbesitzer und Gewerbetreibende, die nicht in der Gemeinde wohnen, sind in gleicher Weise berechtigt, die öffentlichen Einrichtungen zu benutzen, die in der Gemeinde für Grundbesitzer und Gewerbetreibende bestehen, und verpflichtet, für ihren Grundbesitz oder Gewerbebetrieb im Gemeindegebiet zu den Gemeindelasten beizutragen.

---

[23]) Nutzung für politische Veranstaltungen VG Düsseldorf, Urt. v. 9. 11. 1983 Mitt. NWStGB 84, 95; OVG NW, Beschl. v. 15. 6. 1984 – 15 B 1311/84 – Mitt. NWStGB 84, 308; Urt. v. 16. 9. 1975 – III A 1279/75 – NJW 76, 820; Beschl. v. 7. 9, 1979 – 3 C 446/49 – Mitt. NWGtQD 79, 311; OVG NW Beschl. v. 27. 5. 1988 – 15 D 33/88 – EilSt NW 1988, 546; Zum Zulassungsanspruch OVG NW, Urt. v. 23. 10. 1968 – III A 1522/64 – OVGE 24, 175; OVG RhPf, Beschl. v. 12. 9. 1985 – 7 B 69/85 – DÖV 1986, 153 Bewerberauswahl BVerwG, Beschl. v. 14. 9. 1981 – 7 B 217/80 –, NVwZ 82, 194; behördliches Hausverbot OVG NW, Urt. v. 12. 2. 1963 – II A 840/62 – StT 63, 349; Kommunale Einrichtung und Einhaltung der Sperrzeit OVG NW, Beschl. v. 21. 11. 1988 – 15 B 2723/88 – NWVBl 1989, 91

(4) Diese Vorschriften gelten entsprechend für juristische Personen und für Personenvereinigungen.

§ 19 Anschluß- und Benutzungszwang

Die Gemeinden können bei öffentlichem Bedürfnis[24]) durch Satzung für die Grundstücke ihres Gebiets den Anschluß an Wasserleitung,[25]) Kanalisation und ähnliche der Volksgesundheit[26]) dienende Einrichtungen sowie an Einrichtungen zur Versorgung mit Fernwärme (Anschlußzwang) und die Benutzung dieser Einrichtungen und der Schlachthöfe (Benutzungszwang) vorschreiben. Die Satzung kann Ausnahmen vom Anschluß- und Benutzungszwang zulassen.[27]) Sie kann den Zwang auch auf bestimmte Teile des Gemeindegebiets und auf bestimmte Gruppen von Grundstücken oder Personen beschränken. Im Falle des Anschluß- und Benutzungszwangs für Fernwärme soll die Satzung zum Ausgleich von sozialen Härten angemessene Übergangsregelungen enthalten.

VV zu § 19

Bei der Einführung des Anschluß- und Benutzungszwangs für Fernwärme können sich in vermehrtem Umfange, insbesondere bei Überschreitung der Zumutbarkeitsgrenze, Entschädigungsansprüche ergeben. Für solche Fälle ist in der Satzung zu regeln, daß Entschädigungen geleistet oder eine Ausnahme vom Anschluß- und Benutzungszwang zugelassen wird.

§ 20 Ehrenamtliche Tätigkeit und Ehrenamt

(1) Der Einwohner ist zu einer nebenberuflichen vorübergehenden Tätigkeit für die Gemeinde verpflichtet (ehrenamtliche Tätigkeit).

---

[24]) Öffentliches Bedürfnis OVG NW, Urt. v. 1. 8. 1962 — III A 1228/60 — OVGE 18, 71; OVG Lüneburg, Beschl. v. 13. 12. 1968 — III C 1/67 — Gemeinde 69, 138 OVG NW Urt. v. 26. 2. 1982, GemH 1983, 113
[25]) Bei Wasserversorgung OVG NW., Urt. v. 9. 1. 1969 — III A 483/62 — OVGE 24, 219; Urt. v. 14. 9. 1977 — II A 406/75 — KStz 78, 98; HessVGH Urt. v. 16. 1. 1987, GemH 1988, 86
[26]) Friedhöfe OVG NW, Urt. v. 21. 7. 1969 — VA 543/69 — OVGE 25, 106; „Grüne Tonne" OVG NW Urt. v. 8. 9. 1987 — 22 A 2281/85 — DÖV 1988, 307
[27]) Ausnahmen OVG Lüneburg, Urt. v. 1. 7. 1976 — III A 48/75 — Gemeinde 77, 129

(2) Der Bürger ist zur nebenberuflichen Übernahme eines auf Dauer berechneten Kreises von Verwaltungsgeschäften für die Gemeinde verpflichtet (Ehrenamt).

VV zu § 20

Bürger, die nach § 20 Abs. 2 ein Ehrenamt übernehmen und hoheitsrechtliche Befugnisse ausüben, sind in der Regel in das Beamtenverhältnis als Ehrenbeamter zu berufen.

Der Ehrenbeamte kann aus seinem Amt nicht durch einseitige Erklärung ausscheiden; er muß nach den beamtenrechtlichen Vorschriften verabschiedet werden (§ 183 Abs. 1 LBG).

§ 21 Ablehnungsgründe

(1) Einwohner und Bürger können die Übernahme einer ehrenamtlichen Tätigkeit oder eines Ehrenamts ablehnen, ihre Ausübung verweigern oder das Ausscheiden verlangen, wenn ein wichtiger Grund vorliegt. Als wichtiger Grund gilt namentlich, wenn der Einwohner oder Bürger

a) ein geistliches Amt verwaltet,

b) ein öffentliches Amt verwaltet und die Anstellungsbehörde feststellt, daß die ehrenamtliche Tätigkeit oder das Ehrenamt mit seinen Dienstpflichten nicht vereinbar ist,

c) Ratsmitglied ist, sechs Jahre als Ratsmitglied tätig war oder ein öffentliches Ehrenamt ausgeübt hat,

d) Bundestags- oder Landtagsabgeordneter oder Mitglied eines Beschlußorgans von Gemeindeverbänden ist,

e) mindestens vier minderjährige Kinder hat,

f) mindestens zwei Vormundschaften oder Pflegschaften führt,

g) aus beruflichen Gründen häufig oder langdauernd von der Gemeinde abwesend ist,

h) anhaltend krank ist,

i) mindestens sechzig Jahre alt ist,

k) durch die Ausübung der ehrenamtlichen Tätigkeit oder des Ehrenamts in der Fürsorge für die Familie besonders belastet wird.

(2) Ob ein wichtiger Grund vorliegt, entscheidet der Rat, soweit er nicht die Entscheidung dem Gemeindedirektor überträgt.

(3) Der Rat kann gegen einen Bürger oder Einwohner, der ohne wichtigen Grund die Übernahme einer ehrenamtlichen Tätigkeit oder eines Ehrenamts ablehnt oder ihre Ausübung verweigert, ein Ordnungsgeld bis zu fünfhundert Deutsche Mark und für jeden Fall der Wiederholung ein Ordnungsgeld bis zu eintausend Deutsche Mark festsetzen. Die Ordnungsgelder werden im Verwaltungszwangsverfahren beigetrieben.[28])

§ 22 Verschwiegenheitspflicht

(1) Der zu ehrenamtlicher Tätigkeit oder in ein Ehrenamt Berufene hat, auch nach Beendigung seiner Tätigkeit, über die ihm dabei bekanntgewordenen Angelegenheiten, deren Geheimhaltung ihrer Natur nach erforderlich, besonders vorgeschrieben, vom Rat beschlossen oder vom Gemeindedirektor angeordnet ist, Verschwiegenheit zu wahren. Er darf die Kenntnis vertraulicher Angelegenheiten nicht unbefugt verwerten.[29])

(2) Der zu ehrenamtlicher Tätigkeit oder in ein Ehrenamt Berufene darf ohne Genehmigung über Angelegenheiten, über die er Verschwiegenheit zu wahren hat, weder vor Gericht noch außergerichtlich aussagen oder Erklärungen abgeben.

(3) Die Genehmigung, als Zeuge auszusagen, darf nur versagt werden, wenn die Aussage dem Wohle des Bundes oder eines Landes Nachteile bereiten oder die Erfüllung öffentlicher Aufgaben ernstlich gefährden oder erheblich erschweren würde.

(4) Ist der zu ehrenamtlicher Tätigkeit oder in ein Ehrenamt Berufene Beteiligter in einem gerichtlichen Verfahren oder soll sein

---

[28]) OVG NW, Urt. v. 16. 12. 1959 – III A 1022/59 – Mitt. NWStGB 60, 61
[29]) Zum Umfang der Schweigepflicht OVG NW, Urt. v. 20. 5. 1959 – III A 751/58 – OVGE 15, 65; OLG Frankfurt, Beschl. v. 18. 8. 1981 – 2 WS 230/81 – NVwZ 82, 215; BayVGH, Urt. v. 23. 3. 1988 – 4 B 86.02994 – BayGT 1988, 98

Vorbringen der Wahrnehmung seiner berechtigten Interessen dienen, so darf die Genehmigung auch dann, wenn die Voraussetzungen des Absatzes 3 erfüllt sind, nur versagt werden, wenn ein Zwingendes öffentliches Interesse dies erfordert. Wird sie versagt, so ist der Schutz zu gewähren, den die öffentlichen Interessen zulassen.[30])

(5) Die Genehmigung erteilt bei den vom Rat zu ehrenamtlicher Tätigkeit oder in ein Ehrenamt Berufenen der Rat, im übrigen der Gemeindedirektor.

(6) Wer die Pflichten nach Absatz 1 oder 2 verletzt, kann zur Verantwortung gezogen werden. Soweit die Tat nicht mit Strafe bedroht ist, gilt § 21 Abs. 3 entsprechend.[31])

VV zu § 22

1 Ihrer Natur nach geheim sind Angelegenheiten, deren Mitteilung an andere dem Gemeinwohl oder dem Wohl der Gemeinde oder dem berechtigten Interesse einzelner Personen zuwider laufen würde. Hierzu zählen in der Regel z.B. Personalangelegenheiten, außerdem die Erörterung von Planungsabsichten, die sich auf Grundstückswerte auswirken, die Vergabe von Aufträgen, der Ankauf von Grundstücken.

Besonders vorgeschrieben ist die Geheimhaltung insbesondere im Hinblick auf das Datengeheimnis (§ 5 DSG NW), das Abgabengeheimnis (vgl. § 12 Abs. 1 Nr. 1 Buchst. c KAG) und in allen Angelegenheiten, die der Geheimhaltung nach § 3 b bedürfen.

Die Geheimhaltung einer Angelegenheit gilt bereits dann als vom Rat beschlossen, wenn dieser sie in nichtöffentlicher Sitzung behandelt hat.

2 Soweit Angelegenheiten nach § 22 Abs. 1 der Pflicht zur Verschwiegenheit unterliegen, können sie nicht in öffentlicher Sitzung beraten und entschieden werden. Das gilt sowohl für den Rat (§ 33 Abs. 2) als auch für die Bezirksvertretungen und

---

[30]) OVG Lüneburg, Urt. v. 18. 12. 1975 — VII A 46/73 — Gemeinde 76, 205
[31]) Ordnungsgeld VG Minden, Urt. v. 20. 10. 1982 — 10 K 811/81 — NVwZ 83, 495; OVG Rheinland-Pfalz, Urt. v. 24. 11. 1976 — 7 A 49/75 — Gemeinde 77, 190

Ausschüsse (§ 13 a Abs. 5 Satz 2 bzw. § 42 Abs. 2 Satz 1 i. V. m. § 33 Abs. 2).

3   Da § 22 dem § 84 des Verwaltungsverfahrensgesetzes für das Land Nordrhein-Westfalen nachgebildet ist, kann die Genehmigung, nach § 22 Abs. 3 als Zeuge auszusagen, auch versagt werden, wenn die Aussage dem Wohl der Gemeinde Nachteile bereiten würde.

§ 23 Ausschließungsgründe[32])

(1) Der zu ehrenamtlicher Tätigkeit oder in ein Ehrenamt Berufene darf weder beratend noch entscheidend mitwirken, wenn die Entscheidung einer Angelegenheit

1. ihm selbst,

2. einem seiner Angehörigen,

3. einer von ihm kraft Gesetzes oder kraft Vollmacht vertretenen natürlichen oder juristischen Person

einen unmittelbaren Vorteil oder Nachteil bringen kann.[33]) Unmittelbar ist der Vorteil oder Nachteil, wenn die Entscheidung eine natürliche oder juristische Person direkt berührt.

(2) Das Mitwirkungsverbot gilt auch, wenn der Betreffende

1. bei einer natürlichen Person, einer juristischen Person oder einer Vereinigung, der die Entscheidung einen unmittelbaren

---

[32]) § 23 in der Fassung des Änderungsgesetzes vom 7. März 1990 (GV. NW. S. 141). Die Rechtsprechungshinweise beziehen sich auf die Altfassung.
[33]) Grundlegend OVG NW, Urt. v. 20. 2. 1979 – XV A 809/78 – NJW 79, 2632; zur „Unmittelbarkeit" OVG NW, Urt. v. 20. 9. 1983 – 7 A NE 4/80 – NVwZ 84, 667; bei Satzungen OVG NW, Urt. v. 24. 7. 1980 – 3 A 1664/79 – StGR 80, 404; VGH Kassel, Urt. v. 10. 3. 1981 – II OE 12/80 – NVwZ 82, 44; in vorbereitenden Ausschüssen OVG Rheinland-Pfalz, Urt. v. 1. 8. 1984 – 10 C 41/83 – VZ GStB RP 85, 39, bei Vorberatungen OVG Lüneburg, Urt. v. 27. 8. 1981 – 1 C 3/80 – NVwZ 82, 200; Keine Befangenheit bei Fraktionssitzungen, VG Minden Urt. v. 27. 6. 1983 KPBl 1987, 597; Befangenheit bei Eigentum außerhalb des Plangebietes OVG NW, Urt. v. 21. 3. 1988 – 10 a NE 14/86 – DÖV 1989, 27; bei Folgewirkungen von Planungsentscheidungen OVG NW, Urt. v. 20. 9. 1983 – 7 a NE 4/80 – NVwZ 1984, 667; Von Lehrern und Schulleitern, Schreiben des IM v. 28. 12. 1988, Eild LKT NW 1989, 75; Befangenheit von Schulhausmeistern OVG NW, Urt. v. 16. 9. 86 –, MittNWStGB 87, 314 ff.; vgl. dazu Erlaß des IM v. 31. 1. 1988, MittNW StGB 1988, 79; Mitwirkungsverbot für Vorsitzende von Bürgervereinen im Gemeinderat, VG Hannover, Beschl. v. 26. 8. 1988 – 9 D 33/88 – NVwZ 89, 688

Vorteil oder Nachteil bringen kann, gegen Entgelt beschäftigt ist und nach den tatsächlichen Umständen, insbesondere der Art seiner Beschäftigung, ein Interessenwiderstreit anzunehmen ist,

2. Mitglied des Vorstandes, des Aufsichtsrates oder eines gleichartigen Organs einer juristischen Person oder einer Vereinigung ist, der die Entscheidung einen unmittelbaren Vorteil oder Nachteil bringen kann, es sei denn, er gehört den genannten Organen als Vertreter oder auf Vorschlag der Gemeinde an,

3. in anderer als öffentlicher Eigenschaft in der Angelegenheit ein Gutachten abgegeben hat oder sonst tätig geworden ist.

(3)   Die Mitwirkungsverbote der Absätze 1 und 2 gelten nicht,

1. wenn der Vorteil oder Nachteil nur darauf beruht, daß jemand einer Berufs- oder Bevölkerungsgruppe angehört, deren gemeinsame Interessen durch die Angelegenheit berührt werden,

2. bei Wahlen zu einer ehrenamtlichen Tätigkeit oder in ein Ehrenamt und für die Abberufung aus solchen Tätigkeiten,

2a. bei Wahlen, Wiederwahlen und Abberufungen nach § 49, es sei denn, der Betreffende steht selbst zur Wahl,

3. bei Beschlüssen eines Kollegialorgans, durch die jemand als Vertreter der Gemeinde in Organe der in Absatz 2 Nr. 2 genannten Art entsandt oder aus ihnen abberufen wird; das gilt auch für Beschlüsse, durch die Vorschläge zur Berufung in solche Organe gemacht werden.

4. Bei gleichzeitiger Mitgliedschaft in der Vertretung einer anderen Gebietskörperschaft oder deren Ausschüssen, wenn ihr durch die Entscheidung ein Vorteil oder Nachteil erwachsen kann.

(4)   Wer annehmen muß, nach Absatz 1 oder 2 von der Mitwirkung ausgeschlossen zu sein, hat den Ausschließungsgrund unaufgefordert der zuständigen Stelle anzuzeigen und den Sitzungsraum zu verlassen; bei einer öffentlichen Sitzung kann er sich in dem für

die Zuhörer bestimmten Teil des Sitzungsraumes aufhalten.[34]) Für die Entscheidung in Fällen, in denen der Ausschluß streitig bleibt, ist bei Mitgliedern eines Kollegialorgans dieses, sonst der Gemeindedirektor zuständig. Verstöße gegen die Offenbarungspflicht sind von dem Kollegialorgan durch Beschluß, vom Gemeindedirektor durch einen schriftlichen Bescheid festzustellen.

(5) Angehörige im Sinne des Absatzes 1 Nr. 2 des § 50, des § 78 Abs. 4 und des § 101 Abs. 3 sind

1. der Ehegatte,

2. Verwandte und Verschwägerte gerader Linie sowie durch Annahme als Kind verbundene Personen,

3. Geschwister,

4. Kinder der Geschwister,

5. Ehegatten der Geschwister und Geschwister der Ehegatten,

6. Geschwister der Eltern.

Die unter den Nummern 1, 2 und 5 genannten Personen gelten nicht als Angehörige, wenn die Ehe rechtswirksam geschieden oder aufgehoben ist.

(6) Die Mitwirkung eines wegen Befangenheit Betroffenen hat die Unwirksamkeit des Beschlusses oder die Ungültigkeit der Wahl nur dann zur Folge, wenn sie für das Abstimmungsergebnis entscheidend war.

VV zu § 23

1 § 23 begründet keine generellen Mitwirkungsverbote für bestimmte Personengruppen, sondern verlangt stets die Prüfung, ob im Einzelfall ein Ausschließungsgrund für eine

---

[34]) Verlassen des Sitzungsraumes OVG NW, Urt. v. 16. 1. 1980 – 10 a NE 46/78 – StGR 80, 337; Urt. v. 17. 12. 1976 – XV A 1584/74 – DVBl 78, 150; Zur Zuständigkeit des Rates und zur Klagemöglichkeit der Ausgeschlossenen OVG NW, Urt. v. 18. 6. 1971 – XA 631/70 – OVGE 27, 60; Urt. v. 12. 9. 1962 – III A 537/62 – OVGE 18, 104; Keine Klagebefugnis anderer Ratsmitglieder OVG Rheinland-Pfalz, Urt. v. 29. 8. 1984 – 7 A 19/84 – Landkreis 85, 284; Keine Rechtswidrigkeit bei irriger Annahme der Befangenheit VGH BaWü Urt. v. 18. 10. 1986 – 5 S 1719/85 – NVwZ 1987, 1103; Feststellung der Befangenheit eines Ratsmitglieds VG Minden, Urt. v. 24. 8. 1988 – 10 K 645/88 – NVwZ 89, 689

bestimmte Person besteht. Bei der Beurteilung kann es zweckmäßig sein, die Auskünfte nach § 30 Abs. 2 Satz 2 bis 4 heranzuziehen.

2 Die entgeltliche Beschäftigung im Sinne des § 23 Abs. 2 Nr. 1 allein begründet noch keine Vermutung für Befangenheit. Bei der Prüfung der tatsächlichen Umstände ist vor allem zu berücksichtigen, ob und welcher Einfluß auf Grund der beruflichen Stellung des ehrenamtlich Tätigen auf denjenigen genommen werden kann, dem die Entscheidung einen unmittelbaren Vorteil oder Nachteil bringen kann. So liegt z.B. bei öffentlichen Bediensteten eine Befangenheit nur dann vor, wenn sie mit einer Angelegenheit dienstlich befaßt sind und sie inhaltlich zur Entscheidung der Behörde beitragen können; untergeordnete Tätigkeiten, wie Schreibarbeiten, können unberücksichtigt bleiben.

3 Vertreter der Gemeinde im Sinne des § 23 Abs. 2 Nr. 2 sind insbesondere Personen, die der Rat nach § 55 Abs. 3 bestellt hat. Personen, die auf Vorschlag der Gemeinde oder gemeinsam von mehreren Gemeinden (GV), z.B. von der Hauptversammlung einer Gesellschaft, in den Aufsichtsrat oder ein ähnliches Gremium gewählt werden, sind ebenfalls nicht befangen.

4 Für Rats- und Ausschußmitglieder ist die Anzeigepflicht in § 30 Abs. 2 Satz 2 Nr. 3 besonders geregelt.

§ 24 Treupflicht

(1) Inhaber eines Ehrenamts haben eine besondere Treupflicht gegenüber der Gemeinde. Sie dürfen Ansprüche anderer gegen die Gemeinde nicht geltend machen, es sei denn, daß sie als gesetzliche Vertreter handeln.[35])

(2) Absatz 1 gilt auch für ehrenamtlich Tätige, wenn der Auftrag mit den Aufgaben ihrer ehrenamtlichen Tätigkeit im Zusammenhang steht. Ob diese Voraussetzungen vorliegen, entscheidet bei

---

[35]) Vertretungsverbot für Rechtsanwälte BVerfG, Beschl. v. 18. 7. 1979 – 2 BvR 488/76 – DVBl 80, 49; nicht bei allein tätigen Sozien OVG NW, Beschl. v. 16. 4. 1981 – 15 B 1158/80; Zum Umfang des Vertretungsverbots OVG NW, Beschl. v. 23. 7. 1981 – 9 K 34/81 – DÖV 82, 417; BVerfG, Beschl. v. 20. 1. 1981 – 2 BvR 632/78 – DVBl 81, 489

den vom Rat zu ehrenamtlicher Tätigkeit Berufenen der Rat, im übrigen der Gemeindedirektor.

VV zu § 24

Die Verweisung des § 30 Abs. 2 auf die entsprechende Anwendung des § 24 bezieht sich nur auf dessen Absatz 1. Deshalb gilt das Vertretungsverbot für Ratsmitglieder auch dann, wenn der Auftrag nicht mit den Aufgaben des Rates im Zusammenhang steht.

Für Mitglieder einer Bezirksvertretung gilt das Vertretungsverbot nur, wenn der Auftrag mit den Aufgaben der Bezirksvertretung im Zusammenhang steht; entsprechendes gilt für sachkundige Bürger und sachkundige Einwohner als Mitglieder von Ausschüssen (§ 30 Abs. 2 Nr. 6).

§ 25 Entschädigung

(1) Der zu ehrenamtlicher Tätigkeit oder in ein Ehrenamt Berufene hat Anspruch auf Ersatz seiner Auslagen und des Verdienstausfalls. Der Verdienstausfall kann nach § 30 Abs. 4 berechnet werden.

(2) Ehrenamtliche Gemeindedirektoren und Kassenverwalter erhalten eine angemessene Aufwandsentschädigung. Ehrenamtlichen Beigeordneten kann eine Aufwandsentschädigung gewährt werden.

(3) Der Innenminister bestimmt durch Rechtsverordnung Höchstsätze, die bei der Gewährung von Aufwandsentschädigungen nach Absatz 2 nicht überschritten werden dürfen.

VV zu § 25

Eine Pauschalentschädigung für den nach § 25 Abs. 1 bestehenden Anspruch auf Ersatz der Auslagen ist zulässig, wenn sie sich nach den Auslagen richtet, die den Betroffenen im Durchschnitt tatsächlich belasten. Der ehrenamtliche Charakter der Tätigkeit muß gewahrt bleiben. Die Regelungen des Ausschußmitglieder-Entschädigungsgesetzes (AMEG) vom 13. Mai 1958 (GV. NW. S. 193), zuletzt geändert durch Gesetz vom 26. Juni 1984 (GV. NW. S. 350), – SGV. NW. 204 – können als Anhalt dienen.

§ 26 Ehrenbürgerrecht und Ehrenbezeichnung

(1) Die Gemeinde kann Persönlichkeiten, die sich um sie besonders verdient gemacht haben, das Ehrenbürgerrecht verleihen. Sie kann Bürgern, die mindestens fünfzehn Jahre Ratsmitglied oder Ehrenbeamte waren und ausgeschieden sind, eine Ehrenbezeichnung verleihen.

(2) Beschlüsse über die Verleihung oder die Entziehung des Ehrenbürgerrechts und über die Entziehung einer Ehrenbezeichnung bedürfen einer Mehrheit von zwei Dritteln der gesetzlichen Zahl der Ratsmitglieder.

VV zu § 26

Ehrenbezeichnungen dürfen nicht den den Beamten vorbehaltenen Amtsbezeichnungen entsprechen oder zu Verwechslungen mit derartigen Amtsbezeichnungen Anlaß geben.

V. TEIL: Verwaltung der Gemeinde

§ 27 Träger der Gemeindeverwaltung

(1) Die Verwaltung der Gemeinde wird ausschließlich durch den Willen der Bürgerschaft bestimmt.

(2) Die Bürgerschaft wird durch den Rat vertreten. Der Rat besteht aus den von der Bürgerschaft gewählten Ratsmitgliedern. Der Vorsitz im Rat sowie die Vertretung des Rates nach außen liegen bei dem vom Rat aus seiner Mitte gewählten Bürgermeister (in kreisfreien Städten: Oberbürgermeister).[36]

---

[36]) Rat ist kein Parlament OVG NW, Urt. v. 29. 3. 1971 – II A 1315/68 – OVGE 26, 225; Urt. v. 25. 7. 1978 – XV A 1368/76 – DVBl 78, 895; Zum Kommunalverfassungsstreit OVG NW, Urt. v. 2. 2. 1972 – III A 887/69 – OVGE 27, 258; Zur Kostentragungspflicht OVG Saarlouis, Beschl. v. 5. 10. 1981 – 3 R 87/80 – NVwZ 82, 140; OVG Koblenz, Urt. v. 19. 5. 1987 – 7 A 90/86 – NVwZ 1987, 1105; Zur Inkompabilität OVG NW, Beschl. v. 18. 3. 1985 – 15 B 2597/84 – DÖV 1986, 156

§ 28 Zuständigkeiten des Rates

(1) Der Rat der Gemeinde ist für alle Angelegenheiten der Gemeindeverwaltung zuständig, soweit dieses Gesetz nichts anderes bestimmt.

Die Entscheidung über folgende Angelegenheiten kann der Rat nicht übertragen:

a) die allgemeinen Grundsätze, nach denen die Verwaltung geführt werden soll,

b) die Wahl der Mitglieder der Ausschüsse und ihrer Vertreter,

c) die Wahl des Gemeindedirektors und der Beigeordneten,

d) die Verleihung und die Entziehung des Ehrenbürgerrechts und einer Ehrenbezeichnung,

e) die Änderung des Gemeindegebiets, soweit nicht in diesem Gesetz etwas anderes bestimmt ist,

f) die allgemeinen Grundsätze für die Ernennung, Einstellung, Beförderung und Entlassung, für die Bezüge und Vergütungen sowie die Versorgung von Beamten, Angestellten und Arbeitern der Gemeinde, soweit nicht ihre Rechtsverhältnisse durch das allgemeine Beamten- und das Tarifrecht geregelt sind,

g) den Erlaß, die Änderung und die Aufhebung von Satzungen und sonstigen ortsrechtlichen Bestimmungen,[37]

h) den Erlaß der Haushaltssatzung und des Stellenplans, die Zustimmung zu überplanmäßigen und außerplanmäßigen Ausgaben sowie die Festsetzung des Investitionsprogramms,

i) die Festsetzung allgemein geltender öffentlicher Abgaben und privatrechtlicher Entgelte,

j) die Abnahme der Jahresrechnung und die Entlastung,

k) die Verfügung über Gemeindevermögen, die Veräußerung und Belastung von Grundstücken und die Vornahme von Schenkun-

---

[37] Erneute Bekanntmachung setzt Ratsbeschluß voraus OVG NW, Urt. v. 8. 12. 1983 – 11 a NE 5/82 – StGR 84, 296; auch bei Planentwurf OVG Rheinland-Pfalz, Urt. v. 11. 12. 1979 – 10 C 15/79 – Gemeinde 80, 356

gen sowie die Hingabe von Darlehen der Gemeinde, soweit es sich nicht um einfache Geschäfte der laufenden Verwaltung handelt, die teilweise oder vollständige Veräußerung oder Verpachtung von Eigenbetrieben, die teilweise oder vollständige Veräußerung einer Beteiligung an einer Gesellschaft oder anderen Vereinigung des privaten Rechts, die Veräußerung eines Geschäftsanteils an einer eingetragenen Kreditgenossenschaft sowie den Abschluß von anderen Rechtsgeschäften im Sinne des § 91 Abs. 1 Satz 1,

l) die Errichtung, Übernahme, Erweiterung, Einschränkung und Auflösung von öffentlichen Einrichtungen und Eigenbetrieben, die erstmalige Beteiligung sowie die Erhöhung einer Beteiligung an einer Gesellschaft oder anderen Vereinigung in privater Rechtsform, den Erwerb eines Geschäftsanteils an einer eingetragenen Kreditgenossenschaft,[38]

m) die Umwandlung der Rechtsform von öffentlichen Einrichtungen und Eigenbetrieben sowie die Umwandlung der Rechtsform von Gesellschaften, an denen die Gemeinde beteiligt ist, soweit der Einfluß der Gemeinde (§ 55 Abs. 2 Satz 2) geltend gemacht werden kann,

n) die Umwandlung des Zwecks, die Zusammenlegung und die Aufhebung von Stiftungen einschließlich des Verbleibs des Stiftungsvermögens,

o) die Umwandlung von Gemeindegliedervermögen in freies Gemeindevermögen sowie die Veränderung der Nutzungsrechte am Gemeindegliedervermögen,

p) die Aufnahme von Krediten, die Übernahme von Bürgschaften, den Abschluß von Gewährverträgen und die Bestellung sonstiger Sicherheiten für andere sowie solche Rechtsgeschäfte, die den vorgenannten wirtschaftlich gleichkommen,

q) die Bestellung des Leiters und der Prüfer des Rechnungsprüfungsamts sowie die Erweiterung der Aufgaben des Rechnungsprüfungsamts über die Pflichtaufgaben hinaus,

---

[38] Gemeindestraßen sind öffentliche Einrichtungen OVG Lüneburg, Urt. v. 22. 7. 1969 – II OVGA 91/68 – OVGE 26, 327

r) die Genehmigung von Verträgen der Gemeinde mit Mitgliedern des Rates, der Bezirksvertretungen und der Ausschüsse sowie mit dem Gemeindedirektor und den leitenden Dienstkräften der Gemeinde nach näherer Bestimmung der Hauptsatzung,

s) die Führung von Rechtsstreitigkeiten und der Abschluß von Vergleichen, soweit es sich nicht um einfache Geschäfte der laufenden Verwaltung handelt,

t) die Übernahme neuer Aufgaben, für die keine gesetzliche Verpflichtung besteht.

(2) Im übrigen kann der Rat die Entscheidung über bestimmte Angelegenheiten auf Ausschüsse oder den Gemeindedirektor übertragen. Er kann ferner Ausschüsse ermächtigen, in Angelegenheiten ihres Aufgabenbereichs die Entscheidung dem Gemeindedirektor zu übertragen.[39]

(3) Einfache Geschäfte der laufenden Verwaltung gelten im Namen des Rates als auf den Gemeindedirektor übertragen, soweit nicht der Rat sich, einer Bezirksvertretung oder einem Ausschuß für einen bestimmten Kreis von Geschäften oder für einen Einzelfall die Entscheidung vorbehält.[40]

VV zu § 28

1   § 28 Abs. 1 enthält keine abschließende Aufzählung der Angelegenheiten, über die ausschließlich der Rat zu entscheiden hat. Das Gesetz weist dem Rat auch noch an anderen Stellen Aufgaben zu, die er nicht auf Ausschüsse oder den Gemeindedirektor übertragen kann (z. B. § 13 b Abs. 1 Satz 2 und Abs. 2 Satz 2, § 13 d Abs. 6 Satz 1, § 30 Abs. 2 Satz 3, § 31 Abs. 2, § 40 Abs. 2, § 49 Abs. 4, § 51 Abs. 1, § 53 Abs. 1 Satz 2, § 66 Abs. 3 Satz 4, § 69 Abs. 1 Satz 3); es handelt sich dabei stets um Angelegenheiten, die wegen ihrer Bedeutung der Beschlußfassung des Rates bedürfen.

2   Was „einfache Geschäfte der laufenden Verwaltung" sind, rich-

---

[39] Zum Rückholrecht OVG NW, Urt. v. 10. 7. 1963 – III A 1323/62 – OVGE 19, 42; Zuständigkeit zur Festlegung des Geschäftskreises der Beigeordneten OVG NW, Urt. v. 8. 6. 1962 – VIII A 264/61 – OVGE 17, 225

[40] Zum Begriff „einfache Geschäfte" OVG NW, Urt. v. 11. 1. 1956 – III A 1599/55 – DÖV 57, 866; Urt. v. 13. 9. 1972 – III A 919/71 – KStZ 73, 123

tet sich im allgemeinen nach der Größe, der Finanzkraft und der Bedeutung der Gemeinde. Da eine genaue Abgrenzung stets auf Schwierigkeiten stoßen wird, empfiehlt sich eine Regelung, nach der der Gemeindedirektor nach pflichtgemäßem Ermessen darüber zu entscheiden hat, welche Angelegenheiten nach § 28 Abs. 3 in seine Zuständigkeit fallen.

§ 29 Wahl der Ratsmitglieder

(1) Die Ratsmitglieder werden von den Bürgern in allgemeiner, unmittelbarer, freier, gleicher und geheimer Wahl auf die Dauer von fünf Jahren gewählt.[41]) Die näheren Vorschriften trifft das Kommunalwahlgesetz.

(2) Nach Ablauf der Wahlzeit üben die bisherigen Ratsmitglieder ihre Tätigkeit bis zum Zusammentritt des neugewählten Rates weiter aus.

§ 30 Rechte und Pflichten der Ratsmitglieder

(1) Die Ratsmitglieder sind verpflichtet, in ihrer Tätigkeit ausschließlich nach dem Gesetz und ihrer freien, nur durch Rücksicht auf das öffentliche Wohl bestimmten Überzeugung zu handeln; sie sind an Aufträge nicht gebunden.[42])

(2) Für die Tätigkeit als Mitglied des Rates, einer Bezirksvertretung und eines Ausschusses gelten die Vorschriften der §§ 22 bis 24 mit folgenden Maßgaben entsprechend:

1. Die Pflicht zur Verschwiegenheit kann ihnen gegenüber nicht vom Gemeindedirektor angeordnet werden;

2. die Genehmigung, als Zeuge auszusagen, erteilt bei Ratsmitgliedern der Rat, bei Mitgliedern der Bezirksvertretungen die Bezirksvertretung und bei Ausschußmitgliedern der Ausschuß;

---

[41]) Hirtenbrief keine unzulässige Wahlwerbung OVG NW, Urt. v. 14. 2. 1962 — III A 726/61 — OVGE 18,1; Gemeindl. Öffentlichkeitsarbeit in der Vorwahlzeit OVG NW, Urt. v. 19. 8. 1988 — 15 A 924/86 — StGR 1988, 378
[42]) Ungebundenheit des Mandates OVG NW, Urt. v. 3. 11. 1954 — III A 353/54 — OVGE 10, 143; Hinderung der Mandatsausübung OVG NW, Beschl. v. 17. 3. 1988 — 15 B 695/88 — StGR 1989, 32

3. die Offenbarungspflicht über Ausschließungsgründe besteht bei Ratsmitgliedern gegenüber dem Bürgermeister, bei Mitgliedern der Bezirksvertretungen gegenüber dem Bezirksvorsteher und bei Ausschußmitgliedern gegenüber dem Ausschußvorsitzenden vor Eintritt in die Verhandlung;

4. über Ausschließungsgründe entscheidet bei Ratsmitgliedern der Rat, bei Mitgliedern der Bezirksvertretungen die Bezirksvertretung, bei Ausschußmitgliedern der Ausschuß;

5. ein Verstoß gegen die Offenbarungspflicht wird vom Rat, von der Bezirksvertretung beziehungsweise vom Ausschuß durch Beschluß festgestellt;

6. Mitglieder der Bezirksvertretungen sowie sachkundige Bürger und sachkundige Einwohner als Mitglieder von Ausschüssen können Ansprüche anderer gegen die Gemeinde nur dann nicht geltend machen, wenn diese im Zusammenhang mit ihren Aufgaben stehen; ob diese Voraussetzungen vorliegen, entscheidet die Bezirksvertretung beziehungsweise der Ausschuß.

Die Mitglieder des Rates, der Bezirksvertretungen und der Ausschüsse müssen gegenüber dem Bürgermeister Auskunft über ihre wirtschaftlichen und persönlichen Verhältnisse geben, soweit das für die Ausübung ihrer Tätigkeit von Bedeutung sein kann. Die näheren Einzelheiten regelt der Rat. Die Auskünfte sind vertraulich zu behandeln.

(3) Erleidet die Gemeinde infolge eines Beschlusses des Rates einen Schaden, so haften die Ratsmitglieder, wenn sie

a) in vorsätzlicher oder grobfahrlässiger Verletzung ihrer Pflicht gehandelt haben,

b) bei der Beschlußfassung mitgewirkt haben, obwohl sie nach dem Gesetz hiervon ausgeschlossen waren, und ihnen der Ausschließungsgrund bekannt war,

c) der Bewilligung von Ausgaben zugestimmt haben, für die das Gesetz oder die Haushaltssatzung eine Ermächtigung nicht

vorsieht, wenn nicht gleichzeitig die erforderlichen Deckungsmittel bereitgestellt werden.[43])

(4) Ratsmitglieder und Mitglieder von Ausschüssen haben
Anspruch auf Ersatz des Verdienstausfalls, der für jede Stunde der
versäumten regelmäßigen Arbeitszeit berechnet wird. Die letzte
angefangene Stunde wird voll gerechnet. Unselbständigen wird
der tatsächlich entstandene und nachgewiesene Verdienstausfall
ersetzt. Hausfrauen erhalten mindestens einen durch die Hauptsatzung festzulegenden Stundensatz. Selbständige erhalten eine
Verdienstausfallpauschale je Stunde, die im Einzelfall auf der
Grundlage des glaubhaft gemachten Einkommens nach billigem
Ermessen festgesetzt wird. Alle Ratsmitglieder und Mitglieder von
Ausschüssen haben mindestens Anspruch auf einen Regelstundensatz, es sei denn, daß sie ersichtlich keine Nachteile erlitten
haben. In der Hauptsatzung sind der Regelstundensatz und ein
einheitlicher Höchstbetrag festzulegen, der bei der Erstattung des
stündlichen Verdienstausfalls in keinem Fall überschritten werden
darf; es kann außerdem ein täglicher oder monatlicher Höchstbetrag festgelegt werden.[44])

(5) Neben dem Ersatz des Verdienstausfalls erhalten Ratsmitglieder eine angemessene Aufwandsentschädigung, die teilweise
als Sitzungsgeld für die Teilnahme an Rats-, Ausschuß- und Fraktionssitzungen sowie für die Teilnahme an sonstigen in der Hauptsatzung bestimmten Sitzungen gezahlt werden kann. Sachkundige
Bürger und sachkundige Einwohner erhalten für die Teilnahme an
diesen Sitzungen mit Ausnahme der Ratssitzungen ein Sitzungsgeld. Die Höhe der Aufwandsentschädigung und des Sitzungsgeldes ist in der Hauptsatzung zu bestimmen; die Anzahl der Fraktionssitzungen, für die ein Sitzungsgeld zu zahlen ist, ist zu
beschränken. Der Innenminister bestimmt durch Rechtsverord-

---

[43]) Zur Haftung der Gemeinde BGH, Urt. v. 14. 6. 1984 – III ZR 68/83 – Mitt. NWStGB 85,
270; Haftung für Altlasten BGH, Urt. v. 26. 1. 1989 – III ZR 184/87 – MittNW StGB 1989,
97; Haftung von Ratsmitgliedern, Michaelis, DVBl 78, 125

[44]) „Regelmäßige Arbeitszeit" VG Aachen, Urt. v. 28. 4. 1978, Mitt. NWStGB 78, 185; Kein
Verdienstausfall bei Nebentätigkeiten VG Minden, Urt. v. 13. 10. 1982 – 10 K 189/82
– EildStNW 83, 4; anders OVG NW, Urt. v. 16. 9. 1985 – 15 A 73/83 – StT 1986, 673;
Keine Entschädigung bei Bezug von Arbeitslosengeld, VG Düsseldorf – 1 K 4035/81
– Demokr. Gem. 83, 210; Verdienstausfall bei Studenten OVG NW, Urt. v. 21. 2. 1986
– 15 A 1069/84 – StGR 87, 89; Entschädigung für Mandatsträger als Abgeordnete,
RdErl IM v. 1. 12. 1982, MBl NW 1982, 1992

nung, welche Höchstsätze bei Aufwandsentschädigungen und bei Sitzungsgeldern nicht überschritten werden dürfen und in welchem Umfang daneben der Ersatz von Auslagen zulässig ist.[45])

(6) Ratsmitglieder, Mitglieder von Bezirksvertretungen und von Ausschüssen dürfen an der Übernahme und Ausübung ihres Mandats nicht gehindert oder hierdurch in ihrem Amt oder Arbeitsverhältnis benachteiligt werden. Insbesondere ist unzulässig, sie aus diesem Grunde zu entlassen oder ihnen zu kündigen. Stehen sie in einem Dienst- oder Arbeitsverhältnis, so ist ihnen die für ihre Tätigkeit erforderliche freie Zeit zu gewähren.[46])

(7) Ratsmitglieder oder Mitglieder von Bezirksvertretungen können sich zu einer Fraktion zusammenschließen. Eine Fraktion muß aus mindestens zwei Mitgliedern des Rates oder einer Bezirksvertretung bestehen. Nähere Einzelheiten über die Bildung der Fraktionen, ihre Rechte und Pflichten regelt die Geschäftsordnung. Die Geschäftsordnung bestimmt auch, ob Fraktionen Ratsmitglieder oder Mitglieder einer Bezirksvertretung, die keiner Fraktion angehören, als Hospitanten aufnehmen können. Bei der Feststellung der Mindeststärke einer Fraktion zählen Hospitanten nicht mit. Die Gemeinde kann den Fraktionen aus Haushaltsmitteln Zuwendungen zu den Aufwendungen für die Geschäftsführung gewähren. Über die Verwendung dieser Mittel ist ein Nachweis in einfacher Form zu führen, der unmittelbar dem Gemeindedirektor zuzuleiten ist.[47])

VV zu § 30

1.1 Die Mitglieder des Rates, der Bezirksvertretungen und der Ausschüsse dürfen sich durch ihr Mandat in ihrer beruflichen und wirtschaftschaftlichen Tätigkeit keine Vorteile verschaffen.

---

[45]) vgl. Entschädigungsverordnung v. 6. 12. 85, GV. NW. S. 736 (vgl. Anhang)
[46]) Zum Freistellungsanspruch OVG NW, Urt. v. 22. 6. 1983, – 12 A 1038/82 – DVBl 83, 1116; OVG Lüneburg, Urt. v. 9. 9. 1987 – 2 A 39/85 – dng 1988, 29; Hinderung der Mandatsausübung OVG NW, Beschl. v. 17. 3. 1988 – 15 B 695/88 – StGR 89, 32
[47]) Auslagenersatz von Fraktionen OVG NW, Urt. v. 14. 1. 1975, – III A 551/73 – Mitt. NWStGB 75, 192; VG Gelsenkirchen, Urt. v. 13. 2. 1987 – 15 K 1536/85 – NWVBl. 87, 53; anders RdErl IM v. 2. 1. 1989, MittNW StGB 1989, 62; Ausschluß einer Ratsfraktion OVG NW, Beschl. v. 21. 11. 1988 – 15 B 2380/88 – NWVBl 1989, 130; Hausverbot in Fraktionsräumen VG Köln, Urt. v. 22. 1. 1988 – 4 K 1244/85 – NWVBl 1988, 244; Ausschluß aus einer Ratsfraktion OVG NW, Beschl. v. 21. 11. 1988 – 15 B 2380/88 –, NWVBL 89, 130

Sie sollen stets prüfen, ob der Eindruck einer unzulässigen Verquickung der ehrenamtlichen Tätigkeit mit ihren persönlichen Interessen entstehen kann.

1.2 Der Umfang der Auskünfte, die die Mitglieder des Rates, der Bezirksvertretungen und der Ausschüsse über ihre wirtschaftlichen und persönlichen Verhältnisse geben müssen (§ 30 Abs. 2 Satz 2), ist vom Rat festzulegen. Die Auskünfte sollen es dem Rat ermöglichen, Interessenkonflikte einzelner zu erkennen und zu beurteilen. Aufstellungen über die Höhe der Einnahmen und den Umfang des Vermögens dürfen nicht verlangt werden.

Da die Auskünfte vertraulich zu behandeln sind (§ 30 Abs. 2 Satz 4), dürfen sie zwar im Einzelfall Mitgliedern des Rates, der Bezirksvertretungen und der Ausschüsse, nicht aber der Öffentlichkeit bekanntgegeben werden.

2 Ersatz des Verdienstausfalls kann nicht nur für die Teilnahme an Rats- und Ausschußsitzungen, sondern für alle Tätigkeiten, die sich aus der Wahrnehmung des Mandats ergeben, geltend gemacht werden; hierzu gehören z.B. auch Fraktionssitzungen, die der Vorbereitung von Rats- und Ausschußsitzungen dienen, sowie sonstige vom Rat gebilligte Tätigkeiten für die Gemeinde wie Dienstreisen. Die Verdienstausfallentschädigung muß ihrer Höhe nach so bemessen sein, daß der Charakter des Ehrenamtes gewahrt bleibt.

2.1 Als regelmäßige Arbeitszeit gilt diejenige Arbeitszeit, während der von den e i n z e l n e n Mitgliedern des Rates, der Bezirksvertretungen und der Ausschüsse gewöhnlich ihrem jeweiligen Berufsbild entsprechend tatsächlich Arbeit geleistet wird. Einnahmen aus Nebentätigkeiten oder Einnahmen, die möglicherweise außerhalb der regelmäßigen Arbeitszeit hätten erzielt werden können, müssen deshalb außer Betracht bleiben.

2.2 Ersichtlich keine Nachteile hat ein Mitglied des Rates, einer Bezirksvertretung oder eines Ausschusses, das wegen eines festen Einkommens keine Verdiensteinbußen durch die Teilnahme an Sitzungen erleidet. Hierzu zählen grundsätzlich zum Beispiel Beamte, Pensionäre und Rentner, deren Dienst- und Versorgungsbezüge von ihrer Tätigkeit als Mitglied des Rates, einer Bezirksvertretung oder eines Ausschusses nicht berührt werden. Ersichtlich keine Nachteile sind dann anzunehmen, wenn der Verdienstausfall außerhalb der regelmäßigen Arbeitszeit entstanden ist.

2.3 Der Regelstundensatz soll so bemessen werden, daß individuelle Abrechnungen für die Unselbständigen, Selbständigen und Hausfrauen in deren Interesse und im Sinne einer möglichst großen Verwaltungsvereinfachung vermieden werden.

2.4 Bei der Festlegung des für alle geltenden Höchstbetrages soll ein Durchschnittswert zugrunde gelegt werden, der den tatsächlichen durchschnittlichen Einkommensverhältnissen der amtierenden Ratsmitglieder gerecht wird.

2.5 Sofern von der Möglichkeit Gebrauch gemacht wird, einen täglichen Höchstbetrag festzusetzen, sollte das Achtfache des Regelstundensatzes für ganztägige Sitzungen nicht überschritten werden. Monatliche Höchstbeträge sind so festzusetzen, daß der Charakter der ehrenamtlichen Tätigkeit deutlich erkennbar bleibt.

2.6 Für die einzelnen Personengruppen gilt darüber hinaus folgendes:

2.61 Unselbständige, die den Regelstundensatz nicht in Anspruch nehmen, müssen den tatsächlich entstandenen Verdienstausfall im einzelnen nachweisen. Es bestehen keine Bedenken dagegen, daß die Verdienstausfallentschädigung mit dem Arbeitgeber des Mitgliedes des Rates, einer Bezirksvertretung oder eines Ausschusses abgerechnet wird, sofern der Arbeitgeber berechtigt ist, für den Arbeitsausfall Abzüge vom Lohn oder der Vergütung zu machen und dies auch tatsächlich tut, und wenn das Mitglied des Rates, einer Bezirksvertretung oder eines Ausschusses seine Ansprüche an den Arbeitgeber abgetreten hat. Bei dieser Art der Abrechnung können indirekte Lohn- oder Gehaltsbestandteile berücksichtigt werden.

Überstunden im Sinne der Tarifverträge (z.B. § 17 BAT) sind nur dann Bestandteil der regelmäßigen Arbeitszeit, wenn die Ableistung dieser Überstunden einer ständigen Übung entspricht.

2.62 Hausfrauen erhalten einen besonderen Stundensatz, um Nachteile bei der Betreuung der Familie möglichst weitgehend und auf möglichst einfache Weise auszugleichen; unter gleichen Voraussetzungen kann der Stundensatz auch Männern gezahlt werden. Ein Stundensatz für Hausfrauen kann jedoch dann nicht gezahlt werden, wenn der wesentliche Beitrag zum Unterhalt der Familie aus einer anderen Erwerbstätigkeit erbracht wird. Einkünfte aus früherer Tätigkeit, z. B. Rente, müssen außer Betracht bleiben. In der Regel ist es angebracht, den Stundensatz für Hausfrauen in derselben Höhe wie den Regelstundensatz festzulegen. Dieser Stundensatz kann dann überschritten werden, wenn die Kosten einer notwendigen Vertretung geltend gemacht werden. Kosten der notwendigen Vertretung sind die Kosten, die entstehen, weil sich die Hausfrau für die Zeit, in der sie an Rats- und Ausschußsitzungen teilnimmt, vertreten lassen muß.

2.63 Selbständige haben die Höhe des Ausfalls ihres Einkommens glaubhaft darzulegen. Dazu genügt in der Regel eine Versicherung des Antragstellers anhand geeigneter Unterlagen. Hierzu zählt auch die Bezugnahme auf allgemeine Erfahrungswerte z. B. der Kammern oder der Berufsverbände.

Im Rahmen der Glaubhaftmachung sind gegebenenfalls auch die Kosten für eine Ersatzkraft zu berücksichtigen.

Die Höhe der im Einzelfall auszuzahlenden Verdienstausfallpauschale wird nach billigem Ermessen festgesetzt. Es besteht kein unmittelbarer Anspruch auf Auszahlung der Verdienstausfallentschädigung in der glaubhaft gemachten Höhe, vielmehr nur ein Anspruch darauf, daß die Gemeinde das ihr zustehende Ermessen fehlerfrei ausübt. Im Rahmen dieses Ermessens ist zu bestimmen, wie das glaubhaft gemachte Einkommen auf einen Stundensatz umzurechnen ist. Die regelmäßige Arbeitszeit wird, von Ausnahmen abgesehen, im allgemeinen spätestens um 19 Uhr enden. Die Verdienstausfallpauschale sollte jährlich überprüft werden. Anläßlich der Überprüfung sollte das Ratsmitglied oder das Mitglied eines Ausschusses jeweils erneut aufgefordert werden, Angaben über die Höhe seines Verdienstausfalls zu machen.

3.1 § 30 Abs. 5 Satz 1 eröffnet die Möglichkeit, Sitzungsgeld für die Teilnahme nicht nur an Rats-, Ausschuß- und Fraktionssitzungen, sondern auch an sonstigen in der Hauptsatzung bestimmten Sitzungen zu zahlen, z. B. an Sitzungen von Unterausschüssen und Arbeitskreisen, die für bestimmte, meist vorübergehende Zwecke mit lediglich beratenden Befugnissen gebildet werden. In der Hauptsatzung sind die Gremien namentlich oder zumindest ihrer Art nach zu bezeichnen. Im letzteren Fall kann der Rat in der Hauptsatzung die Zahlung von Sitzungsgeld an Mitglieder neu gebildeter Gremien zusätzlich von seiner Zustimmung abhängig machen.

Der Begriff „Fraktionssitzungen" braucht nicht eng ausgelegt zu werden. Es genügt, daß die Sitzung von der Fraktion anberaumt wurde, zumal der Rat die Anzahl der Fraktionssitzungen, für die ein Sitzungsgeld zu zahlen ist, angemessen begrenzen muß. Es bleibt den Fraktionen überlassen, ob sie zu Fraktionssitzungen sachkundige Bürger und sachkundige Einwohner (Ausschußmitglieder) hinzuziehen.

3.2 Aufwandsentschädigungen müssen in DM-Beträgen ausgewiesen werden.

3.3 Die nach § 5 Abs. 1 EntschVO zulässige Erstattung von Fahrkosten kann pauschaliert werden, wenn dadurch die Abrechnung vereinfacht wird, und zwar entweder durch die Ausgabe von Freifahrscheinen nach § 5 Abs. 2 EntschVO oder durch eine laufende Pauschalvergütung. Die Pauschalvergütung ist für jeden einzelnen Anspruchsberechtigten nach dem Durchschnitt der in einem bestimmten Zeitraum sonst anfallenden Einzelvergütungen zu bemessen. Ihre Höhe ist regelmäßig, mindestens zu Beginn jeder neuen Wahlperiode, zu überprüfen.

4 § 30 Abs. 6 gewährt Mitgliedern des Rates, der Bezirksvertretungen und der Ausschüsse den gleichen Schutz, den Landtagsabgeordnete nach Artikel 46 der Landesverfassung genießen. Der Begriff „Tätigkeit" in § 30 Abs. 6 Satz 3 umfaßt nicht nur die Teilnahme an Rats- und Ausschußsitzungen, sondern alle Tätigkeiten, die sich aus der Wahrnehmung des Mandats ergeben.

Ob eine Tätigkeit der Wahrnehmung des Mandats dient, ist vom Rat, der Bezirksvertretung oder dem Ausschuß, nicht aber vom Arbeitgeber zu entscheiden; bei Terminplanungen soll auf die

Interessen der Arbeitgeber im Rahmen des Möglichen Rücksicht genommen werden. Das gilt auch für die Gewährung von Urlaub nach § 101 Abs. 4 LBG.

5.1 Fraktionen haben die Aufgabe, die Zusammenarbeit des Rates zu erleichtern und eine zügige Bewältigung der Aufgaben des Rates zu ermöglichen. Nur im Rahmen dieser Aufgabenstellung können den Fraktionen Zuschüsse zur Bestreitung ihres persönlichen und sächlichen Aufwandes gewährt werden. Daher dürfen die Zuschüsse an die Fraktionen nicht der Finanzierung der Parteien und Wählergruppen dienen. Eine verdeckte Parteienfinanzierung ist verfassungswidrig. Die Zuwendungen an Fraktionen dürfen zudem nicht ein Ersatz für Aufwendungen sein, die einzelnen Mitgliedern des Rates, der Bezirksvertretungen und der Ausschüsse entstehen und deshalb bereits im Rahmen der Aufwandsentschädigung nach § 30 Abs. 5 abgegolten sind. Dies ist bereits bei der Veranschlagung von Zuwendungen an die Fraktionen im Haushaltsplan zu berücksichtigen. Werden den Fraktionen zur Abdeckung ihrer Geschäftsbedürfnisse Sachleistungen gewährt, werden diese bei den jeweiligen Haushaltsstellen erläutert.

5.2 Durch den nach § 30 Abs. 7 letzter Satz zu führenden Verwendungsnachweis soll die zweckentsprechende Verwendung der Zuwendungen an die Fraktionen sichergestellt werden. Er ist in „einfacher Form" zu führen, d.h., daß die wesentlichen Ausgabenarten, z.B. Personalausgaben, Bürokosten, Reisekosten, Fachliteratur, Öffentlichkeitsarbeit, Fortbildung der Fraktionsmitglieder, summarisch darzustellen sind. Für die in diesem Rahmen mögliche überörtliche Prüfung sind geeignete Unterlagen bereitzuhalten.

5.3 Die Vorsitzenden der Fraktionen versichern, daß die Haushaltsmittel und die Sachleistungen bestimmungsgemäß, d.h. nur für die Geschäftsbedürfnisse der Fraktionen gemäß Nr. 5.1 verwendet worden sind.

§ 31 Einberufung des Rates

(1) Der Rat wird von dem Bürgermeister, zu seiner ersten Sitzung nach der Neuwahl von dem bisherigen Bürgermeister, einberufen. Nach der Neuwahl muß die erste Sitzung innerhalb von drei Wochen stattfinden. Im übrigen tritt der Rat zusammen, so oft es die Geschäftslage erfordert, jedoch soll er wenigstens alle zwei Monate einberufen werden. Er ist unverzüglich einzuberufen, wenn ein Fünftel der Ratsmitglieder oder eine Fraktion unter Angabe der zur Beratung zu stellenden Gegenstände es verlangen.

(2) Die Ladungsfrist, die Form der Einberufung und die Geschäftsführung des Rates sind durch die Geschäftsordnung zu regeln, soweit hierüber nicht in diesem Gesetz Vorschriften getroffen sind. Der Rat regelt in der Geschäftsordnung Inhalt und Umfang des Fragerechts der Ratsmitglieder.[48])

(3) Kommt der Bürgermeister seiner Verpflichtung zur Einberufung des Rates nicht nach, so veranlaßt die Aufsichtsbehörde die Einberufung.

VV zu § 31

1 Außer den in § 31 Abs. 2 genannten Angelegenheiten ist in der Geschäftsordnung auch zu regeln, was das Gesetz an anderer Stelle ausdrücklich dorthin verweist; § 13 a Abs. 5 Satz 2, § 13 a Abs. 6 Satz 4, § 30 Abs. 7 Satz 3 und 4, § 33 Abs. 1 Satz 2 und 3, § 33 Abs. 2 Satz 2, § 33 Abs. 3 Satz 1, § 35 Abs. 1 Satz 4 und 7, § 36 Abs. 2, § 41 Abs. 3 Satz 2 und § 42 Abs. 1 Satz 3 sind zu beachten.

2 Der Rat kann nach § 31 Abs. 2 Satz 2 nur den Inhalt und den Umfang des Fragerechts der Ratsmitglieder regeln, er kann das Fragerecht nicht ausschließen. Inhalt und Umfang des Fragerechts sollen so geregelt werden, daß sowohl den Informations-

---

[48]) Grenzen der Geschäftsordnungshoheit OVG NW, Urt. v. 17. 2. 1984 – 15 A 2626/81 – Eild LKT NW 84, 130; Redezeitbeschränkung für Ratsmitglieder Hess VGH, Urt. v. 7. 6. 1977 – II OE 95/75 – DVBl 78, 821; Fragerecht von Ratsmitgliedern OVG NW, Beschl. v. 7. 3. 1975 – III B 925/74 – OVGE 31, 10; VG Köln, Urt. v. 29. 8. 1980 – 4 K 227/80 – NVwZ 82, 208; Rederecht von Ratsmitgliedern OVG Lüneburg, Beschl. v. 9. 11. 1989 – 10 M 36/89 – Mitt. NW StGB 90, 39

wünschen der Ratsmitglieder Rechnung getragen wird als auch ein geordneter Ablauf der Ratssitzungen gewährleistet bleibt. Diese Bestimmung gilt gemäß § 13 a Abs. 5 Satz 2 und § 42 Abs. 2 Satz 1 auch für die Bezirksvertretungen und die Ausschüsse.

§ 32 Wahl des Bürgermeisters und seiner Stellvertreter

(1) Der Rat wählt für die Dauer seiner Wahlzeit aus seiner Mitte ohne Aussprache den Bürgermeister und zwei Stellvertreter. Er kann weitere Stellvertreter wählen.[49]) Diese und andere Funktionsbezeichnungen dieses Gesetzes werden in weiblicher oder männlicher Form geführt.

(2) Bei der Wahl des Bürgermeisters und seiner Stellvertreter wird nach den Grundsätzen der Verhältniswahl in einem Wahlgang geheim abgestimmt. § 35 Abs. 3 Satz 3 findet entsprechende Anwendung. Bürgermeister ist, wer an erster Stelle des Wahlvorschlags steht, auf den die erste Höchstzahl entfällt, erster Stellvertreter, wer an vorderster noch nicht in Anspruch genommener Stelle des Wahlvorschlags steht, auf den die zweite Höchstzahl entfällt, zweiter Stellvertreter, wer an vorderster noch nicht in Anspruch genommener Stelle des Wahlvorschlags steht, auf den die dritte Höchstzahl entfällt usw. Zwischen Wahlvorschlägen mit gleichen Höchstzahlen findet eine Stichwahl statt; bei Stimmengleichheit entscheidet das vom Altersvorsitzenden zu ziehende Los. Nimmt ein gewählter Bewerber die Wahl nicht an, so ist gewählt, wer an nächster Stelle desselben Wahlvorschlags steht. Ist ein Wahlvorschlag erschöpft, tritt an seine Stelle der Wahlvorschlag mit der nächsten Höchstzahl. Scheidet der Bürgermeister oder ein Stellvertreter während der Wahlzeit aus, ist der Nachfolger für den Rest der Wahlzeit ohne Aussprache in geheimer Abstimmung nach § 35 Abs. 2 zu wählen.[50])

---

[49]) Verhältnis Bürgermeister – Stellvertreter VG Düsseldorf, Urt. v. 12. 9. 1978 – 1 K 644/68
   – Rspr. Slg Nr. 3 zu § 32; „ad-hoc"-Vorsitzende vgl. MittNW StGB 1985, 365
[50]) Zur geheimen Wahl VG Darmstadt, Urt. v. 4. 11. 1981 – V 12 E 1359/81 – NVwZ 82, 208;
   OVG Lüneburg Urt. v. 28. 2. 1984 – 2 A 37/83 – NVwZ 1985, 850; OVG RhPf Urt. v. 10. 7.
   1978 – 7 A 75/78 – DÖV 1980, 61; HessVGH Beschl. v. 30. 10. 1986 – 2 TG 2890/86 – Inf
   HStT 1986, 176t

(3) Der Bürgermeister wird von dem Altersvorsitzenden, sein Stellvertreter und die übrigen Ratsmitglieder werden von dem Bürgermeister eingeführt und in feierlicher Form zur gesetzmäßigen und gewissenhaften Wahrnehmung ihrer Aufgaben verpflichtet.

(4) Der Rat kann den Bürgermeister abberufen. Der Antrag kann nur von der Mehrheit der gesetzlichen Zahl der Mitglieder gestellt werden. Zwischen dem Eingang des Antrags und der Sitzung des Rates muß eine Frist von wenigstens zwei Tagen liegen. Über den Antrag ist ohne Aussprache abzustimmen. Der Beschluß über die Abberufung bedarf einer Mehrheit von zwei Dritteln der gesetzlichen Zahl der Mitglieder. Der Nachfolger ist innerhalb einer Frist von zwei Wochen ohne Aussprache in geheimer Abstimmung nach § 35 Abs. 2 zu wählen. Diese Vorschriften gelten für die Stellvertreter entsprechend.

(5) Der Altersvorsitzende leitet die Sitzung bei der Wahl des Bürgermeisters und seiner Stellvertreter sowie bei Entscheidungen, die vorher getroffen werden müssen. Dies gilt auch für die Abberufung des Bürgermeisters und seiner Stellvertreter.

VV zu § 32

1   Der Bürgermeister und seine Stellvertreter werden nach den Grundsätzen der Verhältniswahl in einem Wahlgang gewählt. Fraktionen, mehrere Fraktionen gemeinsam, Gruppen von Ratsmitgliedern und einzelne Ratsmitglieder können Listen mit den von ihnen vorgeschlagenen Bewerbern einreichen. Die Mitglieder des Rates geben ihre Stimmen für einen dieser Wahlvorschläge ab. Die auf die einzelnen Wahlvorschläge entfallenden Wahlstellen werden nach dem Höchstzahlverfahren d'Hondt nach Maßgabe des § 32 Abs. 2 ermittelt.

1. Beispiel

Bei der Wahl des Bürgermeisters und von zwei Stellvertretern entfallen bei 45 abgegebenen gültigen Stimmen auf den Wahlvorschlag A 28 Stimmen, auf den Wahlvorschlag B 14 Stimmen und auf den Wahlvorschlag C 3 Stimmen. Bei Anwendung des Höchstzahlverfahrens d'Hondt ergibt sich folgendes Bild:

```
        A        B      C
       28       14      3
       14        7
      9,33
```

Bürgermeister ist, wer an erster Stelle des Wahlvorschlags A steht. Der erste und der zweite Stellvertreter ist durch Stichwahl zwischen den Wahlvorschlägen A und B zu ermitteln. Den ersten Stellvertreter stellt der Wahlvorschlag, auf den bei der Stichwahl die meisten Stimmen entfallen sind, den zweiten Stellvertreter der bei der Stichwahl unterlegene Wahlvorschlag.

2. Beispiel

Bei gleicher Zusammensetzung des Rates wie im 1. Beispiel stellen zwei Parteien einen gemeinsamen Wahlvorschlag (A) auf. Von 45 abgegebenen gültigen Stimmen entfallen auf den Wahlvorschlag A 31 Stimmen und auf den Wahlvorschlag B 14 Stimmen. Danach ergibt sich folgendes Bild:

```
        A        B
       31       14
      15,5        7
     10,33
```

Bürgermeister ist, wer an erster Stelle des Wahlvorschlags A steht, erster Stellvertreter, wer an zweiter Stelle des Wahlvorschlags A steht, zweiter Stellvertreter, wer an erster Stelle des Wahlvorschlags B steht.

2 Andere Angelegenheiten darf der Rat erst behandeln, wenn der Bürgermeister und seine Stellvertreter gewählt sind.

3 Die bei der Wahl der Stellvertreter des Bürgermeisters bestimmte Reihenfolge der Vertretungsbefugnis ist einzuhalten. Es ist unzulässig, die Stellvertreter als gleichberechtigt zu behandeln, da Stellvertreter nur für den Fall der Verhinderung gewählt werden.

4 Die nach § 32 Abs. 3 vorgeschriebene Verpflichtung in feierlicher Form kann z. B. in der Weise vollzogen werden, daß die Ratsmitglieder durch Erheben von den Plätzen ihr Einverständnis mit folgender Formel bekunden: „Ich verpflichte mich, daß ich meine Aufgaben nach bestem Wissen und Können wahr-

nehmen, das Grundgesetz, die Verfassung des Landes und die Gesetze beachten und meine Pflichten zum Wohle der Gemeinde erfüllen werde." Mitglieder der Bezirksvertretungen können vom Bezirksvorsteher, sachkundige Bürger und sachkundige Einwohner, die zu Mitgliedern von Ausschüssen bestellt werden, können vom Ausschußvorsitzenden eingeführt und verpflichtet werden.

Ebenso wie bei der Wahl des Bürgermeisters und seiner Stellvertreter ist auch bei der Entscheidung über einen Abberufungsantrag nach § 32 Abs. 4 eine Aussprache nicht statthaft. Der Abberufungsantrag darf in der Sitzung auch nicht begründet werden, weil eine solche Begründung bereits als Beginn einer Aussprache zu werten ist.

§ 33   Tagesordnung und Öffentlichkeit der Ratssitzungen

(1)   Der Bürgermeister setzt nach Benehmen mit dem Gemeindedirektor die Tagesordnung fest. Er hat dabei Vorschläge aufzunehmen, die ihm innerhalb einer in der Geschäftsordnung zu bestimmenden Frist von einem Fünftel der Ratsmitglieder oder einer Fraktion vorgelegt werden. Fragestunden für Einwohner können in die Tagesordnung aufgenommen werden, wenn Einzelheiten hierüber in der Geschäftsordnung geregelt sind. Zeit und Ort der Sitzung sowie die Tagesordnung sind von ihm öffentlich bekanntzumachen. Die Tagesordnung kann in der Sitzung durch Beschluß des Rates erweitert werden, wenn es sich um Angelegenheiten handelt, die keinen Aufschub dulden oder die von äußerster Dringlichkeit sind.[51]

(2)   Die Sitzungen des Rates sind öffentlich. Durch die Geschäfts-

---

[51]) Aufnahme von Tagesordnungspunkten OVG NW, Urt. v. 16. 12. 1983 – 15 A 2027/83 – DÖV 84, 300; OVG Lüneburg, Urt. v. 14. 2. 1984 – 5 OVG A 217/83 – NST 84, 315; Sitzungsunterbrechung und neue Bekanntmachung OVG Lüneburg, Urt. v. 24. 5. 1984 – 6 c 15/83 – NST 1985, 21; Kein Antragsrecht einzelner Ratsmitglieder BVerfG, Beschl. v. 11. 10. 1983 – 2 BvR 1047/83 – dng 85, 95; Bekanntmachung und Bestimmung von Tagesordnungspunkten OVG NW, Urt. v. 8. 7. 1959 – III A 611/59 – OVGE 15, 87; Zur Dringlichkeit OVG NW, Urt. v. 28. 2. 1973 – III A 253/72 – OVGE 28, 235; Tonbandaufnahmen in Ratssitzungen, Rdschr. StGB in Mitt. NW StGB 86, 74 – Rechtsauffassung bestätigt durch OVG Lüneburg, Urt. v. 18. 4. 1989 – 10 L 30/89 – Mitt. NW StGB 89; Fragerecht für Einwohner und Ratsmitglieder OVG NW Urt. v. 18. 8. 1989 – 15 A 1473/87 – Mitt NW StGB 89, 534

ordnung kann die Öffentlichkeit für Angelegenheiten einer bestimmten Art ausgeschlossen werden. Auf Antrag eines Ratsmitgliedes oder auf Vorschlag des Gemeindedirektors kann für einzelne Angelegenheiten die Öffentlichkeit ausgeschlossen werden. Anträge und Vorschläge auf Ausschluß der Öffentlichkeit dürfen nur in nichtöffentlicher Sitzung begründet und beraten werden. Falls dem Antrag oder dem Vorschlag stattgegeben wird, ist die Öffentlichkeit in geeigneter Weise zu unterrichten, daß in nichtöffentlicher Sitzung weiter verhandelt wird.[52])

(3) Mitglieder der Bezirksvertretungen und der Ausschüsse können nach Maßgabe der Geschäftsordnung an den nichtöffentlichen Sitzungen des Rates als Zuhörer teilnehmen. Die Teilnahme als Zuhörer begründet keinen Anspruch auf Ersatz des Verdienstausfalls und auf Zahlung von Sitzungsgeld.

VV zu § 33

1   Die Tagesordnung muß festlegen, welche Angelegenheiten der Rat im einzelnen in seiner nächsten Sitzung behandeln wird. Allgemein gehaltene Angaben (wie z.B. „Bauangelegenheiten") kennzeichnen für sich allein nicht genügend den Beratungsgegenstand. Andererseits braucht der Tagesordnungspunkt nicht bis in alle Einzelheiten beschrieben zu werden; es genügt ein schlagwortartiger Hinweis.

2   Bei Fragestunden für die Einwohner gemäß § 33 Abs. 1 Satz 3 müssen zunächst die Einzelheiten (z.B. Höchstzahl der Fragen je Fragesteller und Sitzung, Zahl der möglichen Zusatzfragen, vorherige Einreichung, Beantwortungsverfahren, Redezeit) in der Geschäftsordnung geregelt werden. Der Rat kann Fragestunden auch ausschließlich für die Bezirksvertretungen zulassen (vgl. § 13 a Abs. 5 Satz 2). Fragestunden in Ausschußsitzungen sind unzulässig (vgl. § 42 Abs. 3 Satz 5).

3   Anträge und Vorschläge auf Ausschluß der Öffentlichkeit kön-

---

[52]) Grundsatz der Sitzungsöffentlichkeit OVG NW, Urt. v. 19. 12. 1978, – XV A 1031/77 – OVGE 33, 8; VG Köln Urt. v. 25. 1. 1985 – 4 K 3729/84 – Mitt. NW StGB 85, 314; VG Gelsenkirchen Urt. v. 15. 12. 1982 – 4 K 250/80 – Mitt. NW StGB 83, 392; Keine Zuleitung von Sitzungsvorlagen an Parteien, OVG NW, Beschl. v. 20. 8. 1984 – 15 B 1727/84 – Mitt. NW StGB 85, 378; Öffentlichkeit und Sitzungsvorlagen Bay. VGH, Urt. v. 17. 12. 1979, Gemeinde 80, 299

nen in öffentlicher Sitzung gestellt und entschieden werden. Nur die Begründung und Beratung solcher Anträge verweist das Gesetz in die nichtöffentliche Sitzung. Wird bei einem solchen Antrag lediglich auf die Geschäftsordnung hingewiesen, handelt es sich noch nicht um eine Begründung, die den Ausschluß der Öffentlichkeit erforderlich macht.

§ 34 Beschlußfähigkeit des Rates

(1) Der Rat ist beschlußfähig, wenn mehr als die Hälfte der gesetzlichen Mitgliederzahl anwesend ist. Er gilt als beschlußfähig, solange seine Beschlußunfähigkeit nicht festgestellt ist.[53]

(2) Ist eine Angelegenheit wegen Beschlußunfähigkeit zurückgestellt worden und wird der Rat zur Verhandlung über denselben Gegenstand einberufen, so ist er ohne Rücksicht auf die Zahl der Erschienenen beschlußfähig. Bei der zweiten Ladung muß auf diese Bestimmung ausdrücklich hingewiesen werden.[54]

VV zu § 34

Für Ausschüsse ist zusätzlich § 42 Abs. 3 Satz 4 zu beachten.

§ 35 Abstimmungen

(1) Beschlüsse werden mit Stimmenmehrheit gefaßt, soweit das Gesetz nichts anderes vorschreibt. Bei Stimmengleichheit gilt ein Antrag als abgelehnt. Bei der Beschlußfassung wird offen abgestimmt. Auf Antrag einer in der Geschäftsordnung zu bestimmenden Zahl von Ratsmitgliedern ist namentlich abzustimmen. Auf Antrag mindestens eines Fünftels der Ratsmitglieder ist geheim abzustimmen. Zum selben Tagesordnungspunkt hat ein Antrag auf geheime Abstimmung Vorrang gegenüber einem Antrag auf

---

[53] „nicht anwesend" OVG NW, Urt. v. 23. 11. 1974 – III A 42/73 – OVGE 30, 196
[54] Zur Feststellung der Beschlußunfähigkeit OVG NW, Beschl. v. 8. 3. 1973 – III B 44/73 – EildStNW 73, 5; Urt. v. 4. 4. 1962, – III A 1122/61 – OVGE 17, 261

namentliche Abstimmung. Die Geschäftsordnung kann weitere Regelungen treffen.[55])

(2) Wahlen werden, wenn das Gesetz nichts anderes bestimmt oder wenn niemand widerspricht, durch offene Abstimmung, sonst durch Abgabe von Stimmzetteln, vollzogen. Gewählt ist die vorgeschlagene Person, die mehr als die Hälfte der gültigen Stimmen erhalten hat. Erreicht niemand mehr als die Hälfte der Stimmen, so findet zwischen den Personen, welche die beiden höchsten Stimmenzahlen erreicht haben, eine engere Wahl statt. Gewählt ist, wer in dieser engeren Wahl die meisten Stimmen auf sich vereinigt. Bei Stimmengleichheit entscheidet das Los.

(3) Haben sich die Ratsmitglieder zur Besetzung der Ausschüsse auf einen einheitlichen Wahlvorschlag geeinigt, ist der einstimmige Beschluß des Rates über die Annahme dieses Wahlvorschlages ausreichend. Kommt ein einheitlicher Wahlvorschlag nicht zustande, so wird nach den Grundsätzen der Verhältniswahl in einem Wahlgang abgestimmt. Dabei sind die Wahlstellen auf die Wahlvorschläge der Fraktionen und Gruppen des Rates nach der Reihenfolge der Höchstzahlen zu verteilen, die sich durch Teilung der auf die Wahlvorschläge entfallenden Stimmenzahlen durch 1, 2, 3 usw. ergeben. Über die Zuteilung der letzten Wahlstelle entscheidet bei gleichen Höchstzahlen das vom Bürgermeister zu ziehende Los.

(4) Hat der Rat zwei oder mehr Vertreter oder Mitglieder im Sinne des § 55 Abs. 2 und 3 zu bestellen oder vorzuschlagen, die nicht hauptberuflich tätig sind, ist Absatz 3 entsprechend anzuwenden. Scheidet eine Person vorzeitig aus dem Gremium aus, für das sie bestellt oder vorgeschlagen worden war, wählt der Rat den Nachfolger für die restliche Zeit nach Absatz 2.

(5) Bei Beschlüssen und Wahlen zählen Stimmenthaltungen und ungültige Stimmen zur Feststellung der Beschlußfähigkeit, nicht aber zur Berechnung der Mehrheit mit.

---

[55]) Durchführung der geheimen Abstimmung OVG Rheinland-Pfalz, Urt. v. 10. 7. 1978 − 7 A 75/78 − DÖV 80, 61; OVG NW, Beschl. v. 12. 2. 1982 − 12 B 2305/81 −, StT 82, 475; vgl. auch Fn. 48; Grenzen des En-bloc-Abstimmungsverfahrens OVG NW, Urt. v. 17. 3. 1987 − 7c NE 10/85 − Mitt. NW StGB 87, 274

VV zu § 35

1   Offen abgestimmt wird, wenn die Stimmabgabe erkennbar, also nicht geheim ist. Auch in einer nichtöffentlichen Sitzung wird in der Regel offen abgestimmt.

§ 35 Abs. 1 Satz 7 eröffnet die Möglichkeit, durch die Geschäftsordnung weitere Regelungen über die Abstimmung zu treffen, etwa durch Festlegung eines höheren Quorums für den Antrag auf geheime Abstimmung oder durch Bezeichnung von bestimmten Angelegenheiten, über die geheim abgestimmt werden muß.

2   *Stimmen, die bei Wahlen für einen nichtvorgeschlagenen Bewerber abgegeben werden, sind gültig, da das Gesetz nicht vorschreibt, daß vor der Wahl bestimmte Bewerber namhaft gemacht werden. Die für den zuvor nicht genannten Bewerber abgegebenen Stimmen sind demnach bei der Berechnung der Mehrheit nach § 35 Abs. 5 mitzurechnen.*[55])

3   Soweit der Rat sich nicht auf eine Ausschußbesetzung nach § 35 Abs. 3 Satz 1 einigen kann, sind die Ausschüsse nach den Grundsätzen der Verhältniswahl zu besetzen. Dieses Verfahren setzt in der Regel mehrere Wahlvorschläge der im Rat vertretenen Parteien und Wählergruppen voraus. Die Mitglieder des Rates geben ihre Stimmen für einen dieser Wahlvorschläge ab. Die auf die einzelnen Wahlvorschläge entfallenden Wahlstellen werden nach dem Höchstzahlverfahren d'Hondt ermittelt.

1. Beispiel

Für die Besetzung eines Ausschusses mit 13 Sitzen entfallen bei 51 abgegebenen gültigen Stimmen auf den Vorschlag A 25 Stimmen, den Vorschlag B 19 Stimmen und den Vorschlag C 7 Stimmen. Bei Anwendung des Höchstzahlverfahrens d'Hondt, ergibt sich folgendes Bild:

---

*) Die VV 2 ist durch die Änderung des § 35 Abs. 2 Satz 2 GO nicht mehr anwendbar (ÄndG vom 6. 10. 1987)

A	B	C
25	19	7
12,5	9,5	3,5
8,33	6,33	
6,25	4,75	
5	3,8	
4,17	3,17	
3,57		
3,13		

Danach wird der Ausschuß wie folgt besetzt:

Vorschlag A	7 Sitze,
Vorschlag B	5 Sitze,
Vorschlag C	1 Sitz.

2. Beispiel:

Der Rat hat beschlossen, daß einem aus 17 Mitgliedern bestehenden Ausschuß 9 Ratsmitglieder, 5 sachkundige Bürger und 3 sachkundige Einwohner angehören und daß die sachkundigen Einwohner mit den Ratsmitgliedern und den sachkundigen Bürgern in einem Wahlgang gewählt werden sollen (vgl. Nr. 3 der VV zu § 42). In einem solchen Fall führen die Fraktionen die Ratsmitglieder, sachkundigen Bürger und sachkundigen Einwohner zweckmäßigerweise nacheinander in getrennten Blöcken in ihren Wahlvorschlägen auf. Bei einem Abstimmungsergebnis wie im 1. Beispiel ergibt sich folgendes Bild:

A	B	C	
25	19	7	Sitze 1 bis 9 für
12,5	9,5	3,5	Ratsmitglieder, 10
8,33	6,33	2,33	bis 14 für sachkun-
6,25	4,75		dige Bürger, 15 bis
5	3,8		17 für sachkundige
4,17	3,17		Einwohner
3,57	2,71		
3,13			
2,78			
2,5			

Danach wird der Ausschuß wie folgt besetzt:

Vorschlag A: 5 Ratsmitglieder + 2 sachkundige Bürger
+ 2 sachkundige Einwohner = 9 Sitze

Vorschlag B: 3 Ratsmitglieder + 2 sachkundige Bürger
+ 1 sachkundiger Einwohner = 6 Sitze

Vorschlag C: 1 Ratsmitglied + 1 sachkundiger Bürger
= 2 Sitze.

4   Auch die stellvertretenden Ausschußmitglieder müssen vom
Rat gewählt werden. Soweit die Fraktionen wünschen, daß
jedes Ratsmitglied, das einem Ausschuß nicht angehört, jedes
Ausschußmitglied seiner Fraktion vertreten kann, empfiehlt
sich folgendes Verfahren: Alle Ratsmitglieder werden in die
Wahlvorschläge aufgenommen, und der Rat einigt sich darauf,
daß alle nicht als Mitglied eines Ausschusses gewählten Ratsmitglieder in einer bestimmten Reihenfolge als stellvertretende
Ausschußmitglieder tätig werden können. Die von den Fraktionen nach § 42 Abs. 1 Satz 6 zu benennenden Mitglieder mit
beratender Stimme werden dagegen vom Rat durch Mehrheitsbeschluß bestellt.

5   Der Rat kann ein Ausschußmitglied selbst dann nicht durch
Mehrheitsbeschluß abberufen, wenn dieses Ausschußmitglied
durch ein Mitglied derselben Fraktion oder Gruppe ersetzt
werden soll. Ein solcher Beschluß würde ebenso wie ein Mehrheitsbeschluß über die Neubesetzung eines frei gewordenen
Ausschußsitzes gegen die Grundsätze der Verhältniswahl verstoßen.

Frei gewordene Ausschußsitze kann der Rat neu besetzen,
indem er entweder den Ausschuß durch Beschluß auflöst und
ihn insgesamt neuwählt oder indem er das fehlende Mitglied
einstimmig ersetzt. Eine Möglichkeit, ausgeschiedene Ausschußmitglieder zu ersetzen, besteht auch darin, daß der Rat
vor Einreichung der Wahlvorschläge für die Erstbesetzung der
Ausschüsse beschließt, daß aus dem Wahlvorschlag der Fraktion, die den Ausgeschiedenen vorgeschlagen hatte, die noch
nicht berücksichtigten Bewerber in der in dem Wahlvorschlag
angegebenen Reihenfolge nachrücken.

§ 36 Ordnung in den Sitzungen

(1) Der Bürgermeister leitet die Verhandlungen, eröffnet und schließt die Sitzungen, handhabt die Ordnung und übt das Hausrecht aus.[56])

(2) In der Geschäftsordnung kann bestimmt werden, in welchen Fällen durch Beschluß des Rates einem Ratsmitglied bei Verstößen gegen die Ordnung die auf den Sitzungstag entfallenden Entschädigungen ganz oder teilweise entzogen werden und es für eine oder mehrere Sitzungen ausgeschlossen wird.

(3) Enthält die Geschäftsordnung eine Bestimmung gemäß Absatz 2, so kann der Bürgermeister, falls er es für erforderlich hält, den sofortigen Ausschluß des Ratsmitgliedes aus der Sitzung verhängen und durchführen. Der Rat befindet über die Berechtigung dieser Maßnahme in der nächsten Sitzung.[57])

VV zu § 36

Bei Zweifeln über die Auslegung der Geschäftsordnung befindet der Bürgermeister allein, wie zu verfahren ist. Das gilt z. B. auch, wenn zu entscheiden ist, über welchen von mehreren Anträgen zu demselben Tagesordnungspunkt zuerst abzustimmen ist.

§ 37 Niederschrift der Ratsbeschlüsse

(1) Über die im Rat gefaßten Beschlüsse ist eine Niederschrift aufzunehmen. Diese wird von dem Bürgermeister, einem vom Rat zu bestimmenden Ratsmitglied und einem Schriftführer unterzeichnet, den der Rat bestellt.[58])

---

[56]) Rauchverbot in Ratssitzungen OVG NW, Urt. v. 10. 9. 1982 – 15 A 1232/80 – DVBl 83, 53; Kein Anspruch der Zuhörer OVG Lüneburg – OVG/29/89 – KPBl 1989, 581; Unzulässigkeit von Tonbandaufzeichnungen OLG Köln, Urt. v. 1. 3. 1978 – 2 U 133/77 – DVBl 79, 523; durch Pressevertreter OVG Lüneburg Urt. v. 18. 4. 1989 – 10 L 30/89 – Störung durch optische Kundgabe einer Meinung OVG Rheinland-Pfalz, Beschl. v. 13. 3. 1985 – 7 B 6/85 – DÖV 85, 36

[57]) Verweis aus dem Sitzungssaal, OLG Karlsruhe, Urt. v. 13. 9. 1979 – 4 S. 104/79 – DVBl 80, 77

[58]) Bestimmung eines Ratsmitgliedes und Abwahl OVG NW, Beschl. v. 17. 2. 1982 – 15 A 2676/81 – VR 83, 357; VG Arnsberg, Urt. v. 29. 10. 1981 – 7 A 70/81 – DÖV 82, 4/7; Kein Einsichtsrecht des Bürgers BVerwG Beschl. v. 12. 10. 1970 – VII B 18.69 – DVBl 71, 512; Beweiskraft OVG Lüneburg, Urt. v. 12. 6. 1981 – 1 C 9/76 – Gemeinde 81, 361

(2) Der wesentliche Inhalt der Beschlüsse soll in öffentlicher Sitzung oder in anderer geeigneter Weise der Öffentlichkeit zugänglich gemacht werden, soweit nicht im Einzelfall etwas anderes beschlossen wird.[59])

(3) Die für die öffentliche Bekanntmachung von Satzungen geltenden Bestimmungen (§ 4 Abs. 4 und 5) finden auch bei den nach diesem Gesetz oder anderen Rechtsvorschriften vorgeschriebenen sonstigen öffentlichen Bekanntmachungen sinngemäß Anwendung, soweit nicht ausdrücklich anderes bestimmt ist.

VV zu § 37

1 Dem Wunsch von Einwohnern und Bürgern, Niederschriften über öffentliche Sitzungen einzusehen, sollte entsprochen werden, falls nicht besondere Gründe entgegenstehen.

2 Sonstige öffentliche Bekanntmachungen im Sinne des § 37 Abs. 3 sind alle durch Rechtsvorschrift vorgeschriebenen öffentlichen Bekanntmachungen, die nicht den Erlaß von Ortsrecht zum Gegenstand haben (z. B. nach § 33 Abs. 1, § 66 Abs. 3 Satz 1 oder § 81 Abs. 2 Satz 1). Auf sie finden die für die öffentliche Bekanntmachung von Satzungen geltenden Bestimmungen, also insbesondere die Bekanntmachungsverordnung, sinngemäß Anwendung. Diese Verweisung bedeutet nicht, daß jede (sonstige) öffentliche Bekanntmachung vom Bürgermeister zu unterzeichnen wäre; hierzu kann auch der Gemeindedirektor auf Grund seiner Zuständigkeit für die Durchführung von Beschlüssen des Rates (§ 47 Abs. 1) oder auf Grund von eigenen Entscheidungsbefugnissen (§ 28 Abs. 3, § 47 Abs. 3) berechtigt sein.

Soweit nicht durch sondergesetzliche Bestimmungen ausdrücklich anderes bestimmt ist (z. B. im Kommunalwahlrecht vgl. § 93 Kommunalwahlordnung – und in § 5 Abs. 1 des Gesetzes zur Ausführung des Viehseuchengesetzes), muß jedoch die Form einheitlich für alle öffentlichen Bekanntmachungen der Gemeinde festgelegt werden.

---

[59]) Niederschrift und Verschwiegenheit VGH Baden-Württemberg, Urt. v. 7. 12. 1973 – 539/71 – Gemeinde 75, 14; Bekanntgabe BVerwG, Beschl. v. 27. 2. 1975 – VII B 66.74 – Gemeinde 75, 218; durch Ausschußvorsitzende OVG Lüneburg, Urt. v. 31. 5. 1983 – 5 A 85/82 – Gemeinde 83, 338

§ 38 Behandlung der Ratsbeschlüsse durch den Bürgermeister

(1) Der Bürgermeister leitet die Beschlüsse des Rates dem Gemeindedirektor zu.

(2) Beschlüsse, die

a) die Durchführung der Geschäftsordnung,

b) die Geltendmachung von Ansprüchen der Gemeinde gegen den Gemeindedirektor,

c) die Amtsführung des Gemeindedirektors

betreffen, führt der Bürgermeister aus.

§ 39 Widerspruch und Beanstandung

(1) Der Bürgermeister kann einem Beschluß des Rates spätestens am dritten Tag nach der Beschlußfassung unter schriftlicher Begründung widersprechen, wenn er der Auffasung ist, daß der Beschluß das Wohl der Gemeinde gefährdet. Der Widerspruch hat aufschiebende Wirkung. Über die Angelegenheit ist in einer neuen Sitzung des Rates, die frühestens am dritten Tage und spätestens zwei Wochen nach dem Widerspruch stattzufinden hat, erneut zu beschließen. Ein weiterer Widerspruch ist unzulässig.

(2) Verletzt ein Beschluß des Rates das geltende Recht, so hat der Gemeindedirektor den Beschluß zu beanstanden. Die Beanstandung hat aufschiebende Wirkung. Sie ist schriftlich in Form einer begründeten Darlegung dem Rat mitzuteilen. Verbleibt der Rat bei seinem Beschluß, so hat der Gemeindedirektor unverzüglich die Entscheidung der Aufsichtsbehörde einzuholen. Die aufschiebende Wirkung bleibt bestehen.[60]

(3) Verletzt der Beschluß eines Ausschusses, dem eine Angelegenheit zur Entscheidung übertragen ist, das geltende Recht, so findet Absatz 2 Satz 1 bis 3 entsprechende Anwendung. Verbleibt der Ausschuß bei seinem Beschluß, so hat der Rat über die Angelegenheit zu beschließen.

---

[60]) Kein Anspruch des Bürgers OVG NW, Beschl. v. 17. 4. 1975 – III B 1103/74 – StT 76, 458; Verhältnis zu § 108, OVG NW, Urt. v. 22. 2. 1956 – III A 838/55 – OVGE 10, 314

(4) Die Verletzung eines Mitwirkungsverbots nach § 30 Abs. 2 Satz 1 in Verbindung mit § 23 kann gegen den Beschluß des Rates oder eines Ausschusses, dem eine Angelegenheit zur Entscheidung übertragen ist, nach Ablauf eines Jahres seit der Beschlußfassung oder, wenn eine öffentliche Bekanntmachung erforderlich ist, ein Jahr nach dieser nicht mehr geltend gemacht werden, es sei denn, daß der Gemeindedirektor den Beschluß vorher beanstandet hat oder die Verletzung des Mitwirkungsverbots vorher gegenüber der Gemeinde gerügt und dabei die Tatsache bezeichnet worden ist, die die Verletzung ergibt.

VV zu § 39

1   Der Gemeindedirektor ist nach § 39 Abs. 2 Satz und und Abs. 3 Satz 1 zur Beanstandung gesetzwidriger Beschlüsse verpflichtet. Nach § 108 Abs. 1 Satz 1 kann er hierzu von der Aufsichtsbehörde angewiesen werden. Außerdem kann er bei einem Verstoß gegen diese Pflicht disziplinarisch zur Verantwortung gezogen und gegebenenfalls schadenersatzpflichtig gemacht werden.

2   Beschlüsse im Sinne des § 39 sind sowohl Mehrheitsbeschlüsse (§ 35 Abs. 1) als auch Wahlen (z. B. § 32 Abs. 2, § 35 Abs. 2 und 3, § 49 Abs. 1 und 2).

3   Entscheidet der Rat nach § 39 Abs. 3 Satz 2 über den Beschluß eines Ausschusses, der nach § 28 Abs. 2 mit Entscheidungsbefugnissen ausgestattet ist, und bestätigt er diesen Beschluß, braucht der Ratsbeschluß nicht erneut beanstandet zu werden; der Gemeindedirektor hat danach sogleich die Entscheidung der Aufsichtsbehörde einzuholen (§ 39 Abs. 2 Satz 4). Das gleiche gilt für die Bezirksvertretungen (§ 13 b Abs. 6).

4   Für die Unbeachtlichkeit der Verletzung eines Mitwirkungsverbots (§ 39 Abs. 4) gelten die Nummern 3.11 und 3.13 bis 3.16 der VV zu § 4 sinngemäß.

§ 40   Kontrolle der Verwaltung

(1) Der Rat ist durch den Bürgermeister über alle wichtigen Angelegenheiten der Gemeindeverwaltung zu unterrichten. Zu diesem

Zweck kann der Bürgermeister von dem Gemeindedirektor jederzeit Auskunft und Akteneinsicht über alle Gemeindeangelegenheiten verlangen. Bezirksvorsteher und Ausschußvorsitzende können vom Gemeindedirektor jederzeit Auskunft über die Angelegenheiten verlangen, die zum Aufgabenbereich ihrer Bezirksvertretung beziehungsweise ihres Ausschusses gehören; sie haben das Recht auf Akteneinsicht nach Maßgabe der Hauptsatzung.

(2) Der Rat überwacht die Durchführung seiner Beschlüsse und der Beschlüsse der Bezirksvertretungen und Ausschüsse sowie den Ablauf der Verwaltungsangelegenheiten. Zu diesem Zweck kann er vom Gemeindedirektor Einsicht in die Akten durch einen von ihm bestimmten Ausschuß oder einzelne von ihm beauftragte Mitglieder verlangen.

(3) In Einzelfällen muß auf Beschluß des Rates oder auf Verlangen von mindestens einem Fünftel der Ratsmitglieder auch einem einzelnen, von den Antragstellern zu benennenden Ratsmitglied Akteneinsicht gewährt werden. Einem einzelnen, von den Antragstellern zu benennenden Mitglied einer Bezirksvertretung oder eines Ausschusses steht ein Akteneinsichtsrecht nur auf Grund eines Beschlusses der Bezirksvertretung beziehungsweise des Ausschusses zu.[61])

VV zu § 40

1   Das Auskunfts- und Akteneinsichtsrecht nach § 40 besteht auch hinsichtlich der vom Gemeindedirektor eigenverantwortlich wahrzunehmenden Aufgaben (§ 47 Abs. 3). Da der Gemeindedirektor insoweit nicht der Kontrolle des Rates oder eines Ausschusses unterliegt, darf das Auskunfts- und Akteneinsichtsrecht bei diesen Aufgaben lediglich zur Unterrichtung für die Wahrnehmung sonstiger Aufgaben der Gemeinde ausgeübt werden. In geheim zu haltenden Angelegenheiten der zivilen Verteidigung nimmt ausschließlich der Ausschuß für zivile Verteidigung (§ 41 a) das Auskunfts- und Akteneinsichtsrecht wahr.

---

[61]) Kein generelles Kontrollrecht einzelner Ratsmitglieder OVG NW, Beschl. v. 7. 3. 1975 – III B 925/74 – OVGE 31, 10; Kein Akteneinsichtsrecht für Fraktionen, Schleswig-Holstein VG, Beschl. v. 20. 9. 1978 – 6 D 71/78 – Gemeinde 78, 401

2   Bezirksvorsteher und Ausschußvorsitzende haben für den Auf-
     gabenbereich ihrer Bezirksvertretung oder ihres Ausschusses
     das gleiche Auskunftsrecht wie der Bürgermeister. Aktenein-
     sichtsrechte haben sie nach Maßgabe der Hauptsatzung.

3   Der Rat kann einem von ihm bestimmten Ausschuß oder einzel-
     nen von ihm beauftragten Mitgliedern allgemein oder in einem
     näher zu bestimmenden Umfang das Recht einräumen, nach
     § 40 Abs. 2 Satz 2 vom Gemeindedirektor Akteneinsicht zu
     verlangen, soweit diese Akten nicht geheimzuhaltende Angele-
     genheiten der zivilen Verteidigung betreffen. Die Befugnis,
     nach § 40 Abs. 2 Satz 2 Akten einzusehen, kann auch bestehen-
     den Ausschüssen, wie z. B. dem Rechnungsprüfungsausschuß,
     übertragen werden.

§ 41   Bildung von Ausschüssen

(1)   Der Rat kann Ausschüsse bilden.

**(2)   In jeder Gemeinde müssen ein Hauptausschuß, ein Finanz-
ausschuß und ein Rechnungsprüfungsausschuß gebildet werden.
Der Rat kann beschließen, daß die Aufgaben des Finanzausschus-
ses vom Hauptausschuß wahrgenommen werden.**

**(3)   Der Rat kann für die Arbeit der Ausschüsse allgemeine Richt-
linien aufstellen. Beschlüsse von Ausschüssen mit Entschei-
dungsbefugnis können erst durchgeführt werden, wenn innerhalb
einer in der Geschäftsordnung zu bestimmenden Frist weder vom
Bürgermeister noch von einem Fünftel der Ausschußmitglieder
Einspruch eingelegt worden ist. Über den Einspruch entscheidet
der Rat. § 39 Abs. 3 bleibt unberührt.**

VV zu § 41

Außer den in § 41 Abs. 2 und § 41 a genannten Ausschüssen (vgl.
§ 43) ist der Rat auf Grund von sondergesetzlichen Vorschriften zur
Bildung bestimmter Ausschüsse verpflichtet (z. B. Schulausschuß,
Jugendwohlfahrtsausschuß).

Unabhängig von den diesen Ausschüssen gesetzlich übertragenen
Aufgaben muß der Rat bei eigenen Entscheidungen in den betreffenden Sachgebieten den zuständigen Ausschuß vorher hören.

§ 41 a Ausschuß für Angelegenheiten der zivilen Verteidigung

(1) Bedürfen geheimzuhaltende Angelegenheiten der zivilen Verteidigung (§ 3 b) der Mitwirkung des Rates oder eines Ausschusses, so ist ein besonderer Ausschuß zu bilden, der in diesen Angelegenheiten an die Stelle des Rates oder des sonst zuständigen Ausschusses tritt.

(2) Dem Ausschuß dürfen nur Ratsmitglieder angehören, die die Voraussetzungen für die Behandlung von Verschlußsachen erfüllen. Bestehen Bedenken, ob diese Voraussetzungen vorliegen, so entscheidet die Aufsichtsbehörde.

(3) Die Sitzungen des Ausschusses sind nichtöffentlich. Mitglieder des Rates, die dem Ausschuß nicht angehören, können an seinen Sitzungen nicht teilnehmen.

(4) Den Vorsitz im Ausschuß für Angelegenheiten der zivilen Verteidigung führt der Bürgermeister. § 42 Abs. 5 Satz 2 bis 8 findet entsprechende Anwendung. Bei der Verteilung der Ausschußvorsitze nach § 42 Abs. 6 wird der Vorsitz in diesem Ausschuß der Fraktion, der der Bürgermeister angehört, nicht angerechnet. Wenn der Bürgermeister die in Absatz 2 Satz 1 genannten Voraussetzungen nicht erfüllt, gelten die Sätze 1 bis 3 für seinen ersten Stellvertreter.

VV zu § 41 a

1   Art und Umfang der Befugnisse des Ausschusses richten sich danach, welche Befugnisse dem Rat oder einem sonst zuständigen Ausschuß in Angelegenheiten der zivilen Verteidigung an sich zuständen.

2   Die Zahl der Ausschußmitglieder ist möglichst klein zu halten.

§ 42 Zusammensetzung der Ausschüsse und ihr Verfahren

(1) Der Rat regelt die Zusammensetzung der Ausschüsse und ihre Befugnisse. Der Bürgermeister hat das Recht, mit beratender Stimme an den Sitzungen der Ausschüsse teilzunehmen; ihm ist

auf Verlangen jederzeit das Wort zu erteilen. Ratsmitglieder, die einem Ausschuß nicht angehören, und sachkundige Bürger, die zu stellvertretenden Ausschußmitgliedern gewählt worden sind, können an den nichtöffentlichen Sitzungen des Ausschusses als Zuhörer teilnehmen; entsprechendes gilt auch für Mitglieder anderer Ausschüsse und der Bezirksvertretungen nach Maßgabe der Geschäftsordnung. Die Teilnahme als Zuhörer begründet keinen Anspruch auf Ersatz des Verdienstausfalls und auf Zahlung von Sitzungsgeld. Wird in einer Ausschußsitzung ein Antrag beraten, den ein Ratsmitglied gestellt hat, das dem Ausschuß nicht angehört, so kann es sich an der Beratung beteiligen. Fraktionen, die in einem Ausschuß nicht vertreten sind, sind berechtigt, für diesen Ausschuß ein Ratsmitglied oder einen sachkundigen Bürger, der dem Rat angehören kann, zu benennen. Das benannte Ratsmitglied oder der benannte sachkundige Bürger wird vom Rat zum Mitglied des Ausschusses bestellt. Sie wirken in dem Ausschuß mit beratender Stimme mit. Bei der Zusammensetzung und der Berechnung der Beschlußfähigkeit des Ausschusses werden sie nicht mitgezählt.

(2) Auf die Ausschußmitglieder und das Verfahren in den Ausschüssen finden die für den Rat geltenden Vorschriften entsprechende Anwendung. Abweichend von § 33 Abs. 1 Satz 4 brauchen Zeit und Ort der Ausschußsitzungen sowie die Tagesordnung nicht öffentlich bekanntgemacht zu werden; der Gemeindedirektor soll die Öffentlichkeit hierüber vorher in geeigneter Weise unterrichten.

(3) Zu Mitgliedern der Ausschüsse, mit Ausnahme der in § 43 vorgesehenen Ausschüsse, können neben Ratsmitgliedern auch sachkundige Bürger, die dem Rat angehören können, bestellt werden. Zur Übernahme der Tätigkeit als sachkundiger Bürger ist niemand verpflichtet. Die Zahl der sachkundigen Bürger darf die der Ratsmitglieder in den einzelnen Ausschüssen nicht erreichen. Die Ausschüsse sind nur beschlußfähig, wenn die Zahl der anwesenden Ratsmitglieder die Zahl der anwesenden sachkundigen Bürger übersteigt; sie gelten auch insoweit als beschlußfähig, solange ihre Beschlußunfähigkeit nicht festgestellt ist. Fragestunden für Einwohner sind in Ausschüssen unzulässig; zu einzelnen Punkten der Tagesordnung können Sachverständige und Einwohner gehört werden.

(4) Als Mitglieder mit beratender Stimme können den Ausschüssen volljährige sachkundige Einwohner angehören, die in entsprechender Anwendung des § 35 Abs. 3 zu wählen sind. Zur Übernahme der Tätigkeit als sachkundiger Einwohner ist niemand verpflichtet.[62])

(5) Den Vorsitz im Hauptausschuß führt der Bürgermeister. Bei der Besetzung des Hauptausschusses nach § 35 Abs. 3 ist er an erster Stelle auf den Wahlvorschlag der Gruppe anzurechnen, der er angehört. Gehört er keiner Gruppe an, so wird sein Stimmrecht dadurch nicht berührt. Legt der Bürgermeister sein Amt nieder oder verliert er es aus einem anderen Grunde, so scheidet er aus dem Hauptausschuß aus. Der neue Bürgermeister wird mit seiner Wahl Vorsitzender des Hauptausschusses. War der neue Bürgermeister bei seiner Wahl schon Mitglied des Hauptausschusses, so bestimmt die Gruppe des bisherigen Bürgermeisters einen Nachfolger für die Mitgliedschaft im Hauptausschuß; sie kann auch den bisherigen Bürgermeister bestimmen. War der neue Bürgermeister bis dahin nicht Mitglied des Hauptausschusses und gehört er einer anderen Gruppe an als der bisherige Bürgermeister, so bestimmt die Gruppe des neuen Bürgermeisters, welches ihrer Mitglieder aus dem Hauptausschuß ausscheidet, die Gruppe des bisherigen Bürgermeisters dessen Nachfolger für die Mitgliedschaft im Hauptausschuß; sie kann auch den bisherigen Bürgermeister bestimmen. Der Hauptausschuß wählt aus seiner Mitte einen oder mehrere Vertreter des Vorsitzenden.

(6) Haben sich die Fraktionen über die Verteilung der Ausschußvorsitze geeinigt und wird dieser Einigung nicht von einem Fünftel der Ratsmitglieder widersprochen, so bestimmen die Fraktionen die Ausschußvorsitzenden aus der Mitte der den Ausschüssen angehörenden Ratsmitglieder. Soweit eine Einigung nicht zustande kommt, werden den Fraktionen die Ausschußvorsitze in der Reihenfolge der Höchstzahlen zugeteilt, die sich durch Teilung der Mitgliederzahlen der Fraktionen durch 1, 2, 3 usw. ergeben; mehrere Fraktionen können sich zusammenschließen. Bei glei-

---

[62]) Keine Zuwahl beratender Mitglieder OVG NW, v. 17. 2. 1984 – 15 A 2626/81 – Mitt. NW StGB 84, 250; Personalräte und Personalausschuß, LT-Drucksache 10/3121 v. 19. 4. 1988

chen Höchstzahlen entscheidet das Los, das der Ratsvorsitzende zu ziehen hat. Die Fraktionen benennen die Ausschüsse, deren Vorsitz sie beanspruchen, in der Reihenfolge der Höchstzahlen und bestimmen die Vorsitzenden. Der Vorsitz im Hauptausschuß entfällt auf die erste Höchstzahl der Fraktion, die den Bürgermeister stellt. Scheidet ein Ausschußvorsitzender während der Wahlzeit aus, bestimmt die Fraktion, der er angehört, ein Ratsmitglied zum Nachfolger.[63] Die Sätze 1 bis 6 gelten für stellvertretende Vorsitzende entsprechend.

(7) Werden Ausschüsse während der Wahlzeit neu gebildet, aufgelöst oder ihre Aufgaben wesentlich verändert, ist das Verfahren nach Absatz 6 zu wiederholen.

(8) Über die Beschlüsse der Ausschüsse ist eine Niederschrift aufzunehmen. Diese ist dem Bürgermeister, den Ausschußmitgliedern und dem Gemeindedirektor zuzuleiten.

VV zu § 42

1 Zu den Ausschüssen im Sinne des § 42 Abs. 1 Satz 6 gehören auch die nach diesem Gesetz vorgeschriebenen Ausschüsse und diejenigen Ausschüsse, bei denen eine Mitwirkung beratender Mitglieder kraft sondergesetzlicher Vorschrift nicht ausgeschlossen ist (z.B. Jugendwohlfahrtsausschuß, Schulausschuß, Wahlprüfungsausschuß). Beratende Mitglieder können nicht bestellt werden z.B. für den Gutachterausschuß, den Umlegungsausschuß, den Wahlausschuß, den Polizeibeirat, den Verwaltungsrat der Sparkasse.

Da beratende Mitglieder nach § 42 Abs. 1 Satz 7 vom Rat bestellt werden, findet § 35 Abs. 3 keine Anwendung.

2 Sachkundige Bürger (§ 42 Abs. 1 Satz 6 bis 9 und Abs. 3) können dem Rat angehören, wenn sie nach den Vorschriften des Kommunalwahlrechts wählbar sind und kein Hindernis für die gleichzeitige Zugehörigkeit zur Vertretung besteht (Inkompatibilität). Soweit sie Stimmrecht erhalten (§ 42 Abs. 3) sind sie nach § 35 Abs. 3 zusammen mit den Ratsmitgliedern in einem Wahlgang zu wählen.

---

[63] „ad hoc"-Vorsitzende vgl. Mitt. NW StGB 1985, 365

3   Sachkundige Einwohner (§ 42 Abs. 4) können in einem Wahl-
     gang mit den Ratsmitgliedern und sachkundigen Bürgern (vgl.
     das zweite Beispiel in Nr. 3 der VV zu § 35) oder getrennt von
     ihnen in einem besonderen Wahlgang gewählt werden.

4   Eine Gruppe im Sinne des § 42 Abs. 5 bilden jeweils die Rats-
     mitglieder, die einen Wahlvorschlag für die Wahl nach § 35
     Abs. 3 gemacht haben; das können also auch mehrere Fraktio-
     nen sein, die sich auf einen gemeinsamen Wahlvorschlag geei-
     nigt haben. Ein Wechsel in der Gruppenzugehörigkeit nach der
     Wahl hat keinen Einfluß auf die Mitgliedschaft im Ausschuß.

5   Der stellvertretende Bürgermeister ist nicht kraft Amtes stell-
     vertretender Vorsitzender des Hauptausschusses. Nach § 42
     Abs. 5 letzter Satz muß der Hauptausschuß aus seiner Mitte
     einen oder mehrere Vertreter des Vorsitzenden wählen.

6   Das Verfahren über die Verteilung und Zuteilung der Ausschuß-
     vorsitze betrifft die nach diesem Gesetz vorgeschriebenen Aus-
     schüsse, alle freiwilligen Ausschüsse, den Schulausschuß, den
     Werksausschuß und den Wahlprüfungsausschuß; ausgenom-
     men bleiben der Hauptausschuß, der Ausschuß für zivile Vertei-
     digung und der Jugendwohlfahrtsausschuß. Für den Hauptaus-
     schuß gilt die Anrechnungsvorschrift in Absatz 6 Satz 5. Nicht
     angerechnet wird der Vorsitz im Ausschuß für zivile Verteidi-
     gung (§ 41 a Abs. 4). Außerdem gilt § 42 Abs. 6 nicht für Gre-
     mien, für die besondere Regelungen über die Wahl bzw. Bestel-
     lung des Vorsitzenden bestehen, z. B. den Gutachterausschuß,
     den Verwaltungsrat der Sparkasse, den Polizeibeirat und den
     Landschaftsbeirat.

7   Für die Verteilung und Zuteilung der stellvertretenden Aus-
     schußvorsitze sollte der Rat zuvor entscheiden, ob das Höchst-
     zahlverfahren fortgesetzt oder von vorn begonnen werden soll.

§ 43   Hauptausschuß, Finanzausschuß und Rechnungs-
          prüfungsausschuß

**(1) Der Hauptausschuß hat die Arbeiten aller Ausschüsse aufein-
ander abzustimmen. Er entscheidet in den Angelegenheiten, die
der Beschlußfassung des Rates unterliegen, falls die Angelegen-**

heit keinen Aufschub duldet. In Fällen äußerster Dringlichkeit kann der Bürgermeister mit einem Ratsmitglied entscheiden. Diese Entscheidungen des Hauptausschusses und des Bürgermeisters sind dem Rat in der nächsten Sitzung zur Genehmigung vorzulegen. Er kann die Dringlichkeitsentscheidung aufheben, soweit nicht schon Rechte anderer durch die Ausführung des Beschlusses entstanden sind.[64])

(2) Der Finanzausschuß bereitet die Haushaltssatzung der Gemeinde vor und trifft die für die Ausführung des Haushaltsplans erforderlichen Entscheidungen, soweit hierfür nicht andere Ausschüsse zuständig sind.

(3) Der Rechnungsprüfungsausschuß prüft die Jahresrechnung der Gemeinde. Er bedient sich hierbei des Rechnungsprüfungsamts, soweit ein solches besteht.

VV zu § 43

Fällt eine Angelegenheit in die Zuständigkeit eines nach § 28 Abs. 2 entscheidungsbefugten Ausschusses, kommt eine Entscheidung des Hauptausschusses nach § 43 Abs. 1 Satz 2 nicht in Betracht. In Fällen äußerster Dringlichkeit entscheidet auch bei Angelegenheiten entscheidungsbefugter Ausschüsse der Bürgermeister, nicht der Ausschußvorsitzende, mit einem Ratsmitglied nach § 43 Abs. 1 Satz 3; es ist jedoch angebracht, daß der Bürgermeister als mitentscheidendes Ratsmitglied den Vorsitzenden oder ein Mitglied des an sich zuständigen Ausschusses heranzieht. Die Angelegenheit ist sodann nicht dem Rat, sondern dem Ausschuß in der nächsten Sitzung zur Genehmigung vorzulegen (§ 43 Abs. 1 Satz 4 und 5). In Angelegenheiten eines Eigenbetriebs und eines Krankenhauses sind bei Dringlichkeitsentscheidungen die besonderen Vorschriften des § 5 Abs. 6 EigVO und § 7 Abs. 6 GemKHBVO zu beachten.

---

[64]) Begriff „Dringlichkeit" OVG NW, Urt. v. 28. 2. 1973 – III A 253/72 – OVGE 28, 235; Zulässigkeit bei Abgabensatzungen OVG NW, Urt. v. 13. 7. 1970, Gemeindehaushalt 70, 285; zur Bedeutung der Genehmigung OVG NW, Urt. v. 15. 8. 1985 – StGB 86, 321; Eilentscheidung des Bürgermeisters OVG NW Urt. v. 31. 5. 1988 – 2 A 1739/86 – DÖV 1989, 29

§ 44 Amtszeichen der Ratsmitglieder

Der Rat kann beschließen, daß der Bürgermeister und die übrigen Ratsmitglieder bei feierlichen Anlässen ein Amtszeichen tragen.

§ 45 Aufwandsentschädigung

(1) Der Bürgermeister erhält neben den Entschädigungen, die den Ratsmitgliedern nach § 30 Abs. 4 und 5 zustehen, eine in der Hauptsatzung festzusetzende angemessene Aufwandsentschädigung. Für den Stellvertreter des Bürgermeisters und weitere Stellvertreter sowie für Fraktionsvorsitzende können in der Hauptsatzung entsprechende Regelungen getroffen werden.

(2) Der Innenminister erläßt allgemeine Richtlinien über die Höhe der nach Absatz 1 zulässigen Aufwandsentschädigungen.

VV zu § 45

1   Der Bürgermeister, seine Stellvertreter und die Fraktionsvorsitzenden haben wie jedes Ratsmitglied Anspruch auf die nach § 30 Abs. 4 und 5 zulässigen Entschädigungen. Das gilt nicht nur für den Ersatz des Verdienstausfalls, der wegen der größeren Inanspruchnahme im allgemeinen höher liegen wird als bei Ratsmitgliedern, sondern auch für die Aufwandsentschädigung und den Ersatz von Auslagen nach Maßgabe der Entschädigungsverordnung. Neben diesen Entschädigungen erhalten sie außerdem eine Aufwandsentschädigung nach § 45 Abs. 1.

2   Auf Grund des § 45 Abs. 2 ergehen folgende allgemeine Richtlinien über die Höhe der Aufwandsentschädigungen für den Bürgermeister, seine Stellvertreter und Fraktionsvorsitzende:

2.1 Als Aufwandsentschädigung für den Bürgermeister halte ich höchstens den fünffachen Betrag der Aufwandsentschädigung für angemessen, der für Ratsmitglieder in Gemeinden gleicher Größe nach § 1 Abs. 2 Nr. 1 Buchstabe a der Entschädigungsverordnung in der jeweils geltenden Fassung höchstens zulässig ist.

2.2 Als Aufwandsentschädigung für den ersten und zweiten Stellvertreter des Bürgermeisters halte ich höchstens den dreifachen Betrag der Aufwandsentschädigung für angemessen, der für Ratsmitglieder in Gemeinden gleicher Größe nach § 1 Abs. 2 Nr. 1 Buchstabe a der Entschädigungsverordnung in der jeweils geltenden Fassung höchstens zulässig ist.

2.3 In Gemeinden mit mehr als 50 000 Einwohnern halte ich für nicht mehr als einen weiteren Stellvertreter die für die beiden ersten Stellvertreter des Bürgermeisters vorgesehenen Beträge für angemessen.

2.4 Als Aufwandsentschädigung für Fraktionsvorsitzende halte ich höchstens den dreifachen Betrag der Aufwandsentschädigung für angemessen, der für Ratsmitglieder in Gemeinden gleicher Größe nach § 1 Abs. 2 Nr. 1 Buchstabe a der Entschädigungsverordnung in der jeweils geltenden Fassung höchstens zulässig ist.

2.5 Bürgermeister oder Stellvertreter des Bürgermeisters, die gleichzeitig Fraktionsvorsitzende sind, erhalten nur eine Aufwandsentschädigung nach Nummern 2.1 bis 2.3; mehrere Aufwandsentschädigungen, die nach diesen Vorschriften zulässig sind, dürfen nicht nebeneinander gezahlt werden.

§ 46 Planung der Verwaltungsaufgaben

(1) Im Rahmen der vom Rat festgelegten allgemeinen Richtlinien entscheidet der Hauptausschuß über die Planung der Verwaltungsaufgaben von besonderer Bedeutung. Zu diesem Zweck hat der Gemeindedirektor den Hauptausschuß jeweils über solche Planungsvorhaben zu unterrichten.

(2) Der Bürgermeister kann von dem Gemeindedirektor jederzeit Auskunft über diese Gemeindeangelegenheiten verlangen.

§ 47 Aufgaben und Stellung des Gemeindedirektors

(1) Der Gemeindedirektor bereitet die Beschlüsse des Rates, der Bezirksvertretungen und der Ausschüsse vor. Er führt diese Beschlüsse und Entscheidungen nach § 43 Abs. 1 Satz 3 sowie Weisungen, die im Rahmen des § 3 Abs. 2 und des § 116 ergehen, unter der Kontrolle des Rates und in Verantwortung ihm gegen-

über durch. **Der Gemeindedirektor entscheidet ferner in den Angelegenheiten, die ihm vom Rat oder von den Ausschüssen zur Entscheidung übertragen sind.**[65])

(2) Der Gemeindedirektor hat den Bürgermeister über alle wichtigen Gemeindeangelegenheiten zu unterrichten.

(3) Dem Gemeindedirektor obliegt die Erledigung aller Aufgaben, die ihm auf Grund gesetzlicher Vorschriften übertragen sind.

(4) Der Gemeindedirektor führt in kreisangehörigen Städten die Bezeichnung Stadtdirektor, in kreisfreien Städten Oberstadtdirektor.

VV zu § 47

1   Auf Verlangen des Bürgermeisters hat der Gemeindedirektor jederzeit über alle Gemeindeangelegenheiten Auskunft und Akteneinsicht zu gewähren (§ 40 Abs. 1 Satz 2). Von sich aus hat der Gemeindedirektor den Bürgermeister über alle wichtigen Gemeindeangelegenheiten zu unterrichten (§ 47 Abs. 2).

2   Im Rahmen des § 47 Abs. 3 ist der Gemeindedirektor z. B. zuständig für die in § 16 Abs. 2 des Landesorganisationsgesetzes genannten Aufgaben. Insoweit steht weder dem Rat noch dem Ausschuß für Angelegenheiten der zivilen Verteidigung das Kontrollrecht nach § 47 Abs. 1 Satz 2 zu; Auskunfts- und Akteneinsichtsrechte nach § 40 bleiben unberührt (vgl. Nr. 1 der VV zu § 40).

§ 48   Teilnahme an Sitzungen

(1) Der Gemeindedirektor und die Beigeordneten nehmen an den Sitzungen des Rates teil. Der Gemeindedirektor ist berechtigt und auf Verlangen eines Fünftels der Ratsmitglieder oder einer Fraktion verpflichtet, zu einem Punkt der Tagesordnung vor dem Rat Stellung zu nehmen. Auch Beigeordnete sind hierzu verpflichtet, falls es der Rat oder der Gemeindedirektor verlangt.

---

[65]) Organstellung des Gemeindedirektors VerfGH NW, Urt. v. 21. 8. 1954 – 3/53 – OVGE 9, 74; Zuleitung von Sitzungsunterlagen an Parteien OVG NW, Beschl. v. 20. 8. 1984 – 15 B 1727/84 – MittNW StGB 85, 378; Informationspflicht gegenüber Ratsfraktionen OVG NW Urt. v. 29. 4. 1988 – 15 A 2207/85 – DÖV 1989, 28; VG Gelsenkirchen, Urt. v. 10. 2. 1988 – 15 K 2419/87 – MittNW StGB 1988, 407

(2) Der Gemeindedirektor und die Beigeordneten sind berechtigt und auf Verlangen eines Ausschusses in Angelegenheiten ihres Geschäftsbereichs verpflichtet, an dessen Sitzungen teilzunehmen. Absatz 1 Satz 2 gilt entsprechend.

§ 49 Wahl des Gemeindedirektors und der Beigeordneten

(1) Der Gemeindedirektor und die Beigeordneten, deren Zahl durch die Hauptsatzung festgelegt wird, werden vom Rat gewählt. Soweit sie hauptamtlich tätig sind, müssen sie die für ihr Amt erforderlichen fachlichen Voraussetzungen erfüllen und eine ausreichende Erfahrung für dieses Amt nachweisen. In kreisfreien Städten muß der Gemeindedirektor oder ein Beigeordneter die Befähigung zum Richteramt oder zum höheren Verwaltungsdienst besitzen. Die Stellen hauptamtlicher Gemeindedirektoren und Beigeordneter sind auszuschreiben, bei Wiederwahl kann hiervon abgesehen werden. Über die Wiederwahl entscheidet der Rat durch Beschluß nach § 35 Abs. 1.[66])

(2) Hauptamtliche Gemeindedirektoren und Beigeordnete, über deren Wahl oder Wiederwahl frühestens sechs Monate vor Freiwerden der Stelle entschieden werden darf, werden für die Dauer von acht Jahren gewählt. Ehrenamtliche Gemeindedirektoren und Beigeordnete werden für die Dauer der Wahlzeit des Rates gewählt. Hauptamtliche Gemeindedirektoren und Beigeordnete sind verpflichtet, eine erste und zweite Wiederwahl anzunehmen, wenn sie spätestens drei Monate vor Ablauf der Amtszeit wiedergewählt werden.[67]) Lehnt ein hauptamtlicher Gemeindedirektor

---

[66]) Zur Eignung VG Minden, Urt. v. 28. 2. 1961 – 2 K 312/60 – DÖV 81, 551; VG Arnsberg, Urt. v. 23. 4. 1970 – 2 K 805/69 – ZBR 70, 265; VG Oldenburg, Urt. v. 7. 2. 1961 – A 265/60 – DÖV 61, 549; Zur Ausschreibung OVG Rheinland-Pfalz, Urt. v. 5. 3. 1985 – 7 A 130/84 – DÖV 85, 630; Schleswig-Holstein VG, Urt. v. 22. 2. 1985 – 6 A 41/85 – Gemeinde 85, 146; VG Saarlouis, Urt. v. 10. 11. 1970 – 3 K 101/70 – DVBl 71, 220; Wahl unmittelbar vor Ablauf der Ratswahlperiode OVG Lüneburg Urt. v. 29. 9. 1987 – 2 A 42/87 – Rundschreiben NST 6/88; Zahl der Beigeordneten OVG NW, Beschl. v. 28. 9. 1982 – 15 A 2376/79 – VR 83, 191

[67]) Übergangsregelung für die am 1. 10. 1979 im Amt befindlichen kommunalen Wahlbeamten s. Art. VII (1) der sog. 2. Novelle zur GO vom 15. 5. 1979 (GV. NW. S. 408): „Die Verpflichtung zur Weiterführung des Amtes nach Wiederwahl gilt für die bei Inkrafttreten dieses Gesetzes im Amt befindlichen hauptamtlichen kommunalen Wahlbeamten nur für die Amtszeit nach der ersten Wiederwahl; die kürzere Amtszeit gilt nicht als Verschlechterung der Anstellungsbedingungen."

oder Beigeordneter die Weiterführung des Amtes ohne wichtigen Grund ab, so ist er mit Ablauf der Amtszeit zu entlassen. Ob ein wichtiger Grund vorliegt, entscheidet der Rat. Ein wichtiger Grund liegt vor, wenn die Anstellungsbedingungen gegenüber denen der davorliegenden Amtszeit verschlechtert werden. Ehrenamtliche Gemeindedirektoren und Beigeordnete bleiben nach Ablauf der Wahlzeit bis zum Amtsantritt ihrer Nachfolger im Amt.

(3) Der Gemeindedirektor und die Beigeordneten werden vom Bürgermeister vor ihrem Amtsantritt in einer Sitzung des Rates vereidigt und in ihr Amt eingeführt.

(4) Der Rat kann den Gemeindedirektor und Beigeordnete abberufen. Der Antrag kann nur von der Mehrheit der gesetzlichen Zahl der Mitglieder gestellt werden. Zwischen dem Eingang des Antrages und der Sitzung des Rates muß eine Frist von mindestens sechs Wochen liegen. Über den Antrag ist ohne Aussprache abzustimmen. Der Beschluß über die Abberufung bedarf einer Mehrheit von zwei Dritteln der gesetzlichen Zahl der Mitglieder. Der Nachfolger ist innerhalb einer Frist von sechs Monaten gemäß Absatz 1 zu wählen.[68]

VV zu § 49

1   Für den Nachweis der persönlichen Voraussetzungen braucht der Bewerber weder einen vorgeschriebenen oder üblichen Ausbildungsweg zurückgelegt noch Prüfungen abgelegt zu haben. Er muß aber auf Grund seines Werdegangs und seiner beruflichen Tätigkeit Fachkenntnisse und Fähigkeiten erworben und Erfahrungen gesammelt haben, die ihn in die Lage versetzen, das Amt selbstverantwortlich und ordnungsgemäß zu führen. Langjährige Tätigkeit als Bürgermeister oder als Ratsmitglied, gewandtes Auftreten, Rednergabe und organisatorische Fähigkeiten allein genügen nicht, um diese Voraussetzungen zu erfüllen. Der Bewerber muß vielmehr als Verwaltungsfachmann auf Grund seines fachlichen Wissens und beruflichen Könnens den ihm gestellten Aufgaben gewachsen sein. Er muß auch die anfallenden Geschäfte der laufenden

---

[68]) Rechtmäßigkeit der Abberufung OVG NW, Besch. v. 9. 4. 1981 – 12 B 441/81 – DVBl 81, 879 bestätigt durch Urt. v. 27. 9. 1984 – 12 A 2589/82

Verwaltung beherrschen, um die ihm unterstellten Dienstkräfte als Vorgesetzter anweisen, fachlich beaufsichtigen und anleiten zu können.

2 Welche Anforderungen im Einzelfall an den Bewerber zu stellen sind, hängt weitgehend von den Gegebenheiten des jeweiligen Amtes und der Struktur des Amtsbereiches ab. Während von einem Bewerber für das Amt des Gemeindedirektors besonders umfassende Verwaltungskenntnisse zu fordern sind, muß bei einem Bewerber für das Amt eines Beigeordneten das für das betreffende Amt notwendige Fachwissen und erprobte Können vorhanden sein.

3 Die nach § 49 Abs. 1 Satz 2 gesetzlich vorgeschriebenen persönlichen Voraussetzungen müssen bei Antritt des Amtes erfüllt sein. Es genügt nicht, daß der Bewerber auf Grund seiner Anlagen und Fähigkeiten in der Lage wäre, sich die für das Amt erforderlichen Kenntnisse und Erfahrungen anzueignen.

§ 50 Gründe der Ausschließung vom Amt

Der Gemeindedirektor und die Beigeordneten dürfen untereinander nicht Angehörige sein.

§ 51 Vertretung im Amt

(1) Der Rat bestellt einen Beigeordneten zum allgemeinen Vertreter des Gemeindedirektors. Die übrigen Beigeordneten sind zur allgemeinen Vertretung des Gemeindedirektors nur berufen, wenn der zur allgemeinen Vertretung bestellte Beigeordnete verhindert ist. Die Reihenfolge bestimmt der Rat. Ist ein Beigeordneter nicht vorhanden, so bestellt der Rat den allgemeinen Vertreter.[69])

(2) Die Beigeordneten vertreten den Gemeindedirektor in ihrem Arbeitsgebiet. Der Gemeindedirektor kann die Bearbeitung einzelner Angelegenheiten selbst übernehmen. In kreisfreien Städten muß ein Beigeordneter als Stadtkämmerer bestellt werden.

---

[69]) Zum Wegfall der Funktion „allg. Vertreter" OVG NW, Urt. v. 12. 11. 1975 – XII A 596/74 – Mitt. NWStGB 76.87; Beschränkung der Schlußzeichnungsbefugnis OVG NW, Urt. v. 18. 9. 1981 – 15 A 1306/79 – NVwZ 82, 318

(3) Der Gemeindedirektor kann andere Beamte und Angestellte mit der auftragsweisen Erledigung bestimmter Angelegenheiten betrauen. Er kann diese Befugnis auf Beigeordnete für deren Arbeitsgebiet übertragen.

VV zu § 51

Ist nur ein Beigeordneter oder kein Beigeordneter vorhanden, kann der Rat einen weiteren Beamten bestellen, der die allgemeine Vertretung übernimmt, wenn der allgemeine Vertreter verhindert ist.

§ 52 Beratung mit den Beigeordneten

Der Gemeindedirektor ist verpflichtet, zur Erhaltung der Einheitlichkeit der Verwaltungsführung regelmäßig gemeinsame Beratungen mit den Beigeordneten abzuhalten. Bei Meinungsverschiedenheiten entscheidet der Gemeindedirektor. Die Beigeordneten sind berechtigt, ihre abweichenden Meinungen in Angelegenheiten ihres Geschäftsbereichs dem Hauptausschuß vorzutragen.

§ 53 Geschäftsverteilung und Dienstaufsicht

(1) Der Gemeindedirektor leitet und verteilt die Geschäfte. Der Rat kann den Geschäftskreis der Beigeordneten festlegen.[70])

(2) Der Rat ist Dienstvorgesetzter des Gemeindedirektors; dieser ist Dienstvorgesetzter der Beamten, Angestellten und Arbeiter.

§ 54 Beamte, Angestellte und Arbeiter

(1) Die Beamten, Angestellten und Arbeiter der Gemeinde müssen die für ihren Arbeitsbereich erforderlichen fachlichen Voraussetzungen erfüllen, insbesondere die Ablegung der vorgeschriebenen Prüfungen nachweisen. Die Beamten der Gemeinde werden auf Grund eines Ratsbeschlusses ernannt, befördert und entlassen. Die arbeits- und tarifrechtlichen Entscheidungen für die Angestellten und Arbeiter trifft der Gemeindedirektor. Die Hauptsatzung kann eine andere Regelung treffen.

---

[70]) Keine Übertragung auf Ausschüsse OVG NW, Urt. v. 8. 2. 1962, – VIII A 264/61 – OVGE 17, 225

(2) Der Stellenplan ist einzuhalten; Abweichungen sind nur zulässig, soweit sie auf Grund des Besoldungs- oder Tarifrechts zwingend erforderlich sind. Die Rechtsverhältnisse der Beamten, Angestellten und Arbeiter der Gemeinde bestimmen sich im übrigen nach den Vorschriften des allgemeinen Beamten- und des Tarifrechts.[71])

(3) Die nach geltendem Recht auszustellenden Urkunden für Beamte bedürfen der Unterzeichnung durch den Bürgermeister oder seinen Stellvertreter und durch ein weiteres Ratsmitglied. Arbeitsverträge und sonstige schriftliche Erklärungen zur Regelung der Rechtsverhältnisse von Angestellten und Arbeitern bedürfen der Unterzeichnung durch den Gemeindedirektor oder seinen Stellvertreter und einen weiteren vertretungsberechtigten Beamten oder Angestellten. Die Hauptsatzung kann eine andere Regelung treffen.

§ 55 Gesetzliche Vertretung

(1) Unbeschadet der dem Rat und seinen Ausschüssen zustehenden Entscheidungsbefugnisse ist der Gemeindedirektor der gesetzliche Vertreter der Gemeinde in Rechts- und Verwaltungsgeschäften. § 54 Abs. 3 und § 56 bleiben unberührt.[72])

(2) Vertreter der Gemeinde, die Mitgliedschaftsrechte in Organen, Beiräten oder Ausschüssen von juristischen Personen oder Personenvereinigungen wahrnehmen, werden vom Rat bestellt oder vorgeschlagen. Die Vertreter der Gemeinde sind an die Beschlüsse des Rates und seiner Ausschüsse gebunden. Sie haben ihr Amt auf Beschluß des Rates jederzeit niederzulegen. Die Sätze 1 bis 3 gelten nur, soweit durch Gesetz nichts anderes bestimmt ist.[73])

(3) Absatz 2 gilt entsprechend, wenn der Gemeinde das Recht eingeräumt ist, Mitglieder des Vorstandes, des Aufsichtsrates oder eines gleichartigen Organs zu bestellen oder vorzuschlagen.

---

[71]) Stellenbewertung OVG NW, Urt. v. 3. 8. 1979 – XV A 359/78 – StT 80, 684; Urt. v. 15. 1. 1981 – 12 A 1203/78 – DöD 82, 178
[72]) Vertretungsmacht OLG Köln, Beschl. v. 12. 8. 1960 – 8 w 58/60 – DVBl 60, 816
[73]) Abberufungsrecht OVG NW, Urt. v. 21. 4. 1969 – III A 832/68 –

(4) Werden die von der Gemeinde bestellten oder vorgeschlagenen Personen aus dieser Tätigkeit haftbar gemacht, so hat ihnen die Gemeinde den Schaden zu ersetzen, es sei denn, daß sie ihn vorsätzlich oder grobfahrlässig herbeigeführt haben. Auch in diesem Falle ist die Gemeinde schadenersatzpflichtig, wenn die von der Gemeinde bestellten Personen nach Weisung des Rates oder seiner Ausschüsse gehandelt haben.

VV zu § 55

§ 55 Abs. 1 betrifft nicht die internen Entscheidungsbefugnisse, sondern nur die äußere Vertretungsmacht.

§ 56 Abgabe von Erklärungen

(1) Erklärungen, durch welche die Gemeinde verpflichet werden soll, bedürfen der Schriftform. Sie sind vom Gemeindedirektor oder seinem Stellvertreter und einem vertretungsberechtigten Beamten oder Angestellten zu unterzeichnen, soweit nicht dieses Gesetz etwas anderes bestimmt.[74])

(2) Absatz 1 gilt nicht für einfache Geschäfte der laufenden Verwaltung.

(3) Geschäfte, die ein für ein bestimmtes Geschäft oder einen Kreis von Geschäften ausdrücklich Bevollmächtigter abschließt, bedürfen nicht der Form des Absatzes 1, wenn die Vollmacht in der Form dieses Absatzes erteilt ist.

(4) Erklärungen, die nicht den Formvorschriften dieses Gesetzes entsprechen, binden die Gemeinde nicht.

§§ 57 bis 61 *(weggefallen)*

---

[74]) Bindungswirkung, wenn nur einer der Gesamtvertreter unterzeichnet BGH Urt. v. 13. 10. 1983 — III ZR 158/82 — DVBl 84, 335; Urt. v. 4. 12. 1981 — VZR 241/80 — NJW 82, 1036

VI. TEIL: Gemeindewirtschaft

1. ABSCHNITT: Haushaltswirtschaft

§ 62 Allgemeine Haushaltsgrundsätze

(1) Die Gemeinde hat ihre Haushaltswirtschaft so zu planen und zu führen, daß die stetige Erfüllung ihrer Aufgaben gesichert ist. Dabei ist den Erfordernissen des gesamtwirtschaftlichen Gleichgewichts Rechnung zu tragen.

(2) Die Haushaltswirtschaft ist sparsam und wirtschaftlich zu führen.[75]

(3) Der Haushalt soll in jedem Haushaltsjahr ausgeglichen sein.

VV zu § 62

Die Verpflichtung zum Haushaltsausgleich erstreckt sich nicht nur auf den Haushaltsplan, sondern auch auf die Haushaltsrechnung. Die Verpflichtung zum Ausgleich gilt auch für den Finanzplan (§ 24 Abs. 4 GemHVO).

§ 63 Grundsätze der Einnahmebeschaffung

(1) Die Gemeinde erhebt Abgaben nach den gesetzlichen Vorschriften.

(2) Sie hat die zur Erfüllung ihrer Aufgaben erforderlichen Einnahmen

1. soweit vertretbar und geboten aus speziellen Entgelten für die von ihr erbrachten Leistungen,

---

[75] Grundsatz der Wirtschaftlichkeit OVG Rheinland-Pfalz, Urt. v. 18. 9. 1979 – 7 A 56/79 – DVBl 80, 767; Urt. v. 1. 7. 1974 – 7 A 6/73 – Gemeinde 75, 16; VG Köln, Urt. v. 25. 6. 1964 – 7 K 634/64 – Gemeinde 65, 34

2. im übrigen aus Steuern

zu beschaffen, soweit die sonstigen Einnahmen nicht ausreichen.[76])

(3) Die Gemeinde darf Kredite nur aufnehmen, wenn eine andere Finanzierung nicht möglich ist oder wirtschaftlich unzweckmäßig wäre.

VV zu § 63

Bei der Entscheidung, ob ein Abweichen vom Grundsatz der Deckung durch spezielle Entgelte vertretbar und geboten ist, ist ein strenger Maßstab anzulegen. Dabei sind die finanzwirtschaftlichen sowie die sozialen u. ä. Gesichtspunkte gegeneinander abzuwägen.

§ 64 Haushaltssatzung

(1) Die Gemeinde hat für jedes Haushaltsjahr eine Haushaltssatzung zu erlassen.[77])

(2) Die Haushaltssatzung enthält die Festsetzung

1. des Haushaltsplans unter Angabe des Gesamtbetrages der Einnahmen und der Ausgaben des Haushaltsjahres,

   der vorgesehenen Kreditaufnahmen (Kreditermächtigung),

   der vorgesehenen Ermächtigungen zum Eingehen von Verpflichtungen, die künftige Haushaltsjahre mit Ausgaben für Investitionen und Investitionsförderungsmaßnahmen belasten (Verpflichtungsermächtigungen),

2. des Höchstbetrages der Kassenkredite,

3. der Steuersätze, die für jedes Haushaltsjahr neu festzusetzen sind.

Sie kann weitere Vorschriften enthalten, die sich auf die Einnahmen und Ausgaben und den Stellenplan des Haushaltsjahres beziehen. Die Haushaltssatzung bedarf der Genehmigung der Auf-

---

[76]) Einnahmebeschaffung OVG Rheinland-Pfalz, Urt. v. 1. 8. 1984 – 10 C 284 – Wochenspiegel Ba-WÜ GT 85 Nr. 42; Rangverhältnis OVG NW, Beschl. v. 6. 7. 1979 – XV B 855/79 – StT 79, 767

[77]) Zeitpunkt der Beschlußfassung entscheidend BVerwG, Beschl. v. 13. 7. 1979 – 7 B 143.79 – KStZ 80, 12

sichtsbehörde nach den geltenden Vorschriften für den Gesamtbetrag der Kredite und der Verpflichtungsermächtigungen, den Höchstbetrag der Kassenkredite und die Höhe der Steuersätze.[78])

(3) Die Haushaltssatzung tritt mit Beginn des Haushaltsjahres in Kraft und gilt für das Haushaltsjahr. Sie kann Festsetzungen für zwei Haushaltsjahre, nach Jahren getrennt, enthalten.

(4) Haushaltsjahr ist das Kalenderjahr, soweit für einzelne Bereiche durch Gesetz oder Rechtsverordnung nichts anderes bestimmt ist.

§ 65 Haushaltsplan

(1) Der Haushaltsplan enthält alle im Haushaltsjahr für die Erfüllung der Aufgaben der Gemeinde voraussichtlich

1. eingehenden Einnahmen,

2. zu leistenden Ausgaben,

3. notwendigen Verpflichtungsermächtigungen.

Die Vorschriften über die Einnahmen, Ausgaben und Verpflichtungsermächtigungen der Sondervermögen der Gemeinde bleiben unberührt.

(2) Der Haushaltsplan ist in einen Verwaltungshaushalt und einen Vermögenshaushalt zu gliedern. Der Stellenplan für die Beamten, Angestellten und Arbeiter ist Anlage des Haushaltsplans.[79])

(3) Der Haushaltsplan ist Grundlage für die Haushaltswirtschaft der Gemeinde. Er ist nach Maßgabe dieses Gesetzes und der auf Grund dieses Gesetzes erlassenen Vorschriften für die Haushaltsführung verbindlich. Ansprüche und Verbindlichkeiten Dritter werden durch ihn weder begründet noch aufgehoben.

---

[78]) Festsetzung der Realsteuersätze OVG NW, Urt. v. 9. 1. 1980 – 3 A 1092/72 – Mitt NWStGB 80, 230; Genehmigung bei Ausgleichsstockgemeinden OVG NW Urt. v. 22. 1. 1988 – 15 A 2874/84 – MittNW StGB 1988, 255
[79]) Haushaltsplan und Stellenplan OVG NW, Urt. v. 18. 12. 1980 – 12 A 910/79 – Gemeindehaushalt 81, 268

§ 66 Erlaß der Haushaltssatzung

(1) Der Kämmerer oder der sonst für das Finanzwesen zuständige Beamte stellt den Entwurf der Haushaltssatzung mit ihren Anlagen auf und legt ihn dem Gemeindedirektor zur Feststellung vor.

(2) Der Gemeindedirektor leitet den von ihm festgestellten Entwurf dem Rat zu. Soweit er von dem ihm vorgelegten Entwurf abweicht, hat der Gemeindedirektor dem Rat eine Stellungnahme des Kämmerers oder des sonst für das Finanzwesen zuständigen Beamten mit vorzulegen.

(3) Der Entwurf der Haushaltssatzung mit ihren Anlagen ist nach vorheriger öffentlicher Bekanntgabe an sieben Tagen öffentlich auszulegen. Gegen den Entwurf können Einwohner oder Abgabepflichtige innerhalb einer Frist von einem Monat nach Beginn der Auslegung Einwendungen erheben. In der öffentlichen Bekanntgabe der Auslegung ist auf die Frist hinzuweisen; außerdem ist die Stelle anzugeben, bei der die Einwendungen zu erheben sind. Über die Einwendungen beschließt der Rat in öffentlicher Sitzung.[80])

(4) Der Entwurf der Haushaltssatzung mit ihren Anlagen ist vom Rat in öffentlicher Sitzung zu beraten und zu beschließen. In der Beratung des Rates kann der Kämmerer seine abweichende Auffassung vertreten.

(5) Die vom Rat beschlossene Haushaltssatzung ist mit ihren Anlagen der Aufsichtsbehörde vorzulegen. Die Vorlage soll spätestens einen Monat vor Beginn des Haushaltsjahres erfolgen.

(6) Im Anschluß an die öffentliche Bekanntmachung der Haushaltssatzung ist der Haushaltsplan mit seinen Anlagen an sieben Tagen öffentlich auszulegen; in der Bekanntmachung ist auf die Auslegung hinzuweisen. Enthält die Haushaltssatzung genehmigungspflichtige Teile, so darf sie erst nach Erteilung der Genehmigung bekanntgemacht werden.

---

[80]) Beschlußfassung notwendig VG Münster, Urt. v. 24. 10. 1960 – 2 K 383/60 – DVBl 61, 454

VV § 66

1   Die in § 66 Abs. 1 und 2 geregelte Verfahrensweise schließt
     Beratungen des Rates oder seiner Ausschüsse über die Haus-
     haltssatzung vor ihrer Aufstellung oder Feststellung aus.

2   Die vorherige öffentliche Bekanntgabe im Sinne des § 66 Abs.
     3 ist eine sonstige öffentliche Bekanntmachung nach § 37
     Abs. 3. Spätestens mit der Bekanntgabe entscheidet die
     Gemeinde, bei welcher Stelle Einwendungen zu erheben sind.
     Die Stelle ist in der Bekanntgabe mit genauer Anschrift zu
     bezeichnen. Die Form der Einwendungen ist nicht bestimmt;
     Einwendungen können daher sowohl schriftlich als auch
     mündlich zu Protokoll erhoben werden. Mit verspätet erhobe-
     nen Einwendungen braucht sich der Rat nicht zu befassen.

3   Die Heilungsvorschriften des § 4 Abs. 6 finden auch auf die
     Haushaltssatzung Anwendung.

§ 67   Nachtragssatzung

**(1) Die Haushaltssatzung kann nur durch Nachtragssatzung
geändert werden, die spätestens bis zum Ablauf des Haushaltsjahres zu beschließen ist.[81])**

**(2) Die Gemeinde hat unverzüglich eine Nachtragssatzung zu
erlassen, wenn**

**1. sich zeigt, daß trotz Ausnutzung jeder Sparmöglichkeit ein
erheblicher Fehlbetrag entstehen wird und der Haushaltsausgleich nur durch eine Änderung der Haushaltssatzung erreicht
werden kann,**

**2. bisher nicht veranschlagte oder zusätzliche Ausgaben bei ein-
zelnen Haushaltsstellen in einem im Verhältnis zu den Gesamtausgaben erheblichen Umfang geleistet werden müssen,**

**3. Ausgaben für bisher nicht veranschlagte Baumaßnahmen oder
Investitionsförderungsmaßnahmen geleistet werden sollen.**

(3) Absatz 2 Nr. 2 bis 3 findet keine Anwendung auf geringfügige

---

[81]) Zum Aufstellungsverfahren OVG NW Urt. v. 20. 12. 1979 – XV A 1645/76 – DVBl 1980,
765

Baumaßnahmen sowie Instandsetzungen an Bauten und Anlagen, die unabweisbar sind.

VV zu § 67

Der Rat der Gemeinde sollte in der Hauptsatzung oder in anderer Weise den Inhalt der in Absatz 2 Nr. 1 und 2 und in Absatz 3 genannten Begriffe der „Erheblichkeit" und der „Geringfügigkeit" festlegen.

§ 68 Vorläufige Haushaltsführung

(1) Ist die Haushaltssatzung bei Beginn des Haushaltsjahres noch nicht bekanntgemacht, so darf die Gemeinde

1. Aufgaben leisten, zu deren Leistung sie rechtlich verpflichtet ist oder die für die Weiterführung notwendiger Aufgaben unaufschiebbar sind; sie darf insbesondere Bauten, Beschaffungen und sonstige Leistungen des Vermögenshaushalts, für die im Haushaltsplan eines Vorjahres Beträge vorgesehen waren, fortsetzen;

2. Abgaben nach den Sätzen des Vorjahres erheben.

(2) Reichen die Deckungsmittel für die Fortsetzung der Bauten, der Beschaffungen und der sonstigen Leistungen des Vermögenshaushalts nach Absatz 1 Nr. 1 nicht aus, so darf die Gemeinde mit Genehmigung der Aufsichtsbehörde Kredite bis zu einem Viertel des Gesamtbetrages der in der Haushaltssatzung des Vorjahres festgesetzten Kredite aufnehmen. § 72 Abs. 2 Satz 2 und 3 gilt sinngemäß.

§ 69 Überplanmäßige und außerplanmäßige Ausgaben

(1) Überplanmäßige und außerplanmäßige Ausgaben sind nur zulässig, wenn sie unabweisbar sind und die Deckung gewährleistet ist. Über die Leistung dieser Ausgaben entscheidet der Kämmerer, wenn ein solcher nicht bestellt ist, der Gemeindedirektor, soweit der Rat keine andere Regelung trifft. Sind die Ausgaben erheblich, so bedürfen sie der vorherigen Zustimmung des Rates; im übrigen sind sie dem Rat zur Kenntnis zu bringen.

(2) Für Investitionen, die im folgenden Jahr fortgesetzt werden, sind überplanmäßige Ausgaben auch dann zulässig, wenn ihre Deckung im laufenden Jahr nur durch Erlaß einer Nachtragssatzung möglich wäre, die Deckung aber im folgenden Jahr gewährleistet ist. Absatz 1 Satz 2 gilt sinngemäß.

(3) Die Absätze 1 und 2 finden entsprechende Anwendung auf Maßnahmen, durch die später über- oder außerplanmäßige Ausgaben entstehen können.

(4) § 67 Abs. 2 bleibt unberührt.

VV zu § 69

1   Die Deckung über- oder außerplanmäßiger Ausgaben muß, mit Ausnahme der Fälle des Absatzes 2, im Haushaltsjahr gewährleistet sein.

2   In der Hauptsatzung oder in anderer Weise sollte festgelegt werden, bis zu welcher Höhe über- oder außerplanmäßige Ausgaben als unerheblich anzusehen sind. Nicht erhebliche über- oder außerplanmäßige Ausgaben sind dem Rat mindestens vierteljährlich zur Kenntnis zu bringen.

§ 70   Finanzplanung

(1) Die Gemeinde hat ihrer Haushaltswirtschaft eine fünfjährige Finanzplanung zugrunde zu legen. Das erste Planungsjahr der Finanzplanung ist das laufende Haushaltsjahr.

(2) In dem Finanzplan sind Umfang und Zusammensetzung der voraussichtlichen Ausgaben und die Deckungsmöglichkeiten darzustellen.

(3) Als Grundlage für die Finanzplanung ist ein Investitionsprogramm aufzustellen.

(4) Der Finanzplan und das Investitionsprogramm sind jährlich der Entwicklung anzupassen und fortzuführen.

(5) Der Finanzplan ist dem Rat spätestens mit dem Entwurf der Haushaltssatzung vorzulegen. Das Investitionsprogramm ist vom Rat zu beschließen.

§ 71 Verpflichtungsermächtigungen

(1) Verpflichtungen zur Leistung von Investitionsausgaben und Ausgaben für Investitionsförderungsmaßnahmen in künftigen Jahren dürfen nur eingegangen werden, wenn der Haushaltsplan hierzu ermächtigt.

(2) Die Verpflichtungsermächtigungen dürfen in der Regel zu Lasten der dem Haushaltsjahr folgenden drei Jahre veranschlagt werden, in Ausnahmefällen bis zum Abschluß einer Maßnahme; sie sind nur zulässig, wenn die Finanzierung der aus ihrer Inanspruchnahme entstehenden Ausgaben in den künftigen Haushalten gesichert erscheint.

(3) Die Verpflichtungsermächtigungen gelten bis zum Ende des Haushaltsjahres und, wenn die Haushaltssatzung für das folgende Haushaltsjahr nicht rechtzeitig öffentlich bekanntgemacht wird, bis zum Erlaß dieser Haushaltssatzung.

(4) Der Gesamtbetrag der Verpflichtungsermächtigungen bedarf im Rahmen der Haushaltssatzung insoweit der Genehmigung der Aufsichtsbehörde, als in den Jahren, zu deren Lasten sie veranschlagt sind, insgesamt Kreditaufnahmen vorgesehen sind.

VV zu § 71

Ob die Finanzierung der aus einer Inanspruchnahme von Verpflichtungsermächtigungen entstehenden Ausgaben in den künftigen Haushalten gesichert erscheint, ergibt sich in der Regel aus der Finanzplanung.

§ 72 Kredite

(1) Kredite dürfen unter der Voraussetzung des § 63 Abs. 3 nur im Vermögenshaushalt und nur für Investitionen, Investitionsförderungsmaßnahmen und zur Umschuldung aufgenommen werden.

(2) Der Gesamtbetrag der im Vermögenshaushalt vorgesehenen Kreditaufnahmen bedarf im Rahmen der Haushaltssatzung der Genehmigung der Aufsichtsbehörde (Gesamtgenehmigung). Die Genehmigung soll unter dem Gesichtspunkt einer geordneten Haushaltswirtschaft erteilt oder versagt werden; sie kann unter

Bedingungen und Auflagen erteilt werden. Sie ist in der Regel zu versagen, wenn die Kreditverpflichtungen mit der dauernden Leistungsfähigkeit der Gemeinde nicht im Einklang stehen.

(3) Die Kreditermächtigung gilt bis zum Ende des auf das Haushaltsjahr folgenden Jahres und, wenn die Haushaltssatzung für das übernächste Jahr nicht rechtzeitig öffentlich bekanntgemacht wird, bis zum Erlaß dieser Haushaltssatzung.

(4) Die Aufnahme der einzelnen Kredite, deren Gesamtbetrag nach Absatz 2 genehmigt worden ist, bedarf der Genehmigung der Aufsichtsbehörde (Einzelgenehmigung), sobald die Kreditaufnahmen nach § 19 des Gesetzes zur Förderung der Stabilität und des Wachstums der Wirtschaft beschränkt worden sind. Die Einzelgenehmigung kann nach Maßgabe der Kreditbeschränkungen versagt werden.

(5) Bei Gefährdung des Kreditmarktes kann durch Rechtsverordnung der Landesregierung die Aufnahme von Krediten von der Genehmigung (Einzelgenehmigung) der Aufsichtsbehörde abhängig gemacht werden mit der Maßgabe, daß die Genehmigung versagt werden kann, wenn die Kreditbedingungen die Entwicklung am Kreditmarkt ungünstig beeinflussen oder die Versorgung der Gemeinden mit wirtschaftlich vertretbaren Krediten stören könnten. Eine Rechtsverordnung nach Satz 1 ist unverzüglich nach ihrer Verkündung dem Präsidenten des Landtags mitzuteilen; sie ist unverzüglich aufzuheben, wenn es der Landtag binnen sechs Wochen nach ihrer Verkündung verlangt.

(6) Die Begründung einer Zahlungsverpflichtung, die wirtschaftlich einer Kreditverpflichtung gleichkommt, bedarf der Genehmigung der Aufsichtsbehörde. Absatz 2 Satz 2 und 3 gilt sinngemäß. Eine Genehmigung ist nicht erforderlich für die Begründung von Zahlungsverpflichtungen im Rahmen der laufenden Verwaltung.

(7) Die Gemeinde darf zur Sicherung des Kredits keine Sicherheiten bestellen. Die Aufsichtsbehörde kann Ausnahmen zulassen, wenn die Bestellung von Sicherheiten der Verkehrsübung entspricht.

VV zu § 72

1   Kredite dürfen nur zur Deckung des gegenwärtigen Bedarfs und für Zwecke aufgenommen werden, die im Rahmen der Gemeindeaufgaben liegen. Die Weiterleitung oder Vermittlung von Krediten ist nicht Aufgabe der Gemeinden.

2   Bei der Genehmigung des Gesamtbetrages umfaßt die Prüfung der Aufsichtsbehörde alle Gesichtspunkte einer geordneten Haushaltswirtschaft. Dazu gehört insbesondere, daß die aus früheren und neu aufzunehmenden Krediten resultierenden Verpflichtungen mit der dauernden Leistungsfähigkeit der Gemeinde in Einklang stehen und für die Aufnahme von Krediten für bereits in der Planung befindliche unaufschiebbare Maßnahmen Raum bleibt. Die Genehmigung kann unter Auflagen und Bedingungen erteilt werden; sie kann insbesondere dahingehend eingeschränkt werden, daß der jährliche Schuldendienst, der aus der Aufnahme der im Gesamtbetrag genehmigten Kredite resultiert, eine bestimmte Höhe nicht überschreiten darf.

3   Zu den nach § 72 Abs. 6 im einzelnen genehmigungspflichtigen Rechtsgeschäften gehören u. a. Schuldübernahmen, Kaufpreiskreditierungen und -verrentungen, der Abschluß von Bausparverträgen, Leasingverträgen und leasingähnlichen Rechtsgeschäften. Die Erteilung der Einzelgenehmigung ist Voraussetzung für die Wirksamkeit dieser Rechtsgeschäfte (vgl. § 104). Für die Genehmigung gelten die gleichen Voraussetzungen wie für die Genehmigung des Gesamtbetrages der Kreditaufnahmen (vgl. Nr. 2).

4   Der Verkehrsübung entspricht eine Sicherheitsleistung, wenn sie im Geschäftsverkehr, unter Berücksichtigung der besonderen Stellung der Gemeinden im Kreditgeschäft, üblich ist. Hiernach kann die Bestellung von Sicherheiten bei der Errichtung von Wohnhäusern sowie anderen Gebäuden, die für den geordneten Gang der Verwaltung entbehrlich sind, als der Verkehrsübung entsprechend angesehen werden, wenn die Sicherheit an diesen Grundstücken und nur bis zur Höhe der Baukosten bestellt wird.

§ 73 Sicherheiten und Gewährleistung für Dritte

(1) Die Gemeinde darf keine Sicherheiten zugunsten Dritter bestellen. Die Aufsichtsbehörde kann Ausnahmen zulassen.

(2) Die Gemeinde darf Bürgschaften und Verpflichtungen aus Gewährverträgen nur im Rahmen der Erfüllung ihrer Aufgaben übernehmen. Die Rechtsgeschäfte bedürfen der Genehmigung der Aufsichtsbehörde, soweit sie nicht im Rahmen der laufenden Verwaltung abgeschlossen werden.

(3) Absatz 2 gilt sinngemäß für Rechtsgeschäfte, die den in Absatz 2 genannten Rechtsgeschäften wirtschaftlich gleichkommen, insbesondere für die Zustimmung zu Rechtsgeschäften Dritter, aus denen der Gemeinde in künftigen Haushaltsjahren Verpflichtungen zur Leistung von Ausgaben erwachsen können.

(4) Die oberste Aufsichtsbehörde kann die Genehmigung allgemein erteilen für Rechtsgeschäfte, die

1. von der Gemeinde zur Förderung des Städte- und Wohnungsbaues eingegangen werden,

2. für den Haushalt der Gemeinde keine besondere Belastung bedeuten.

VV zu § 73

1 Bei der Übernahme von Bürgschaften für Unternehmen, an denen neben der Gemeinde weitere Gemeinden (GV) oder auch andere beteiligt sind, wird die Bürgschaft in der Regel nach dem Beteiligungsverhältnis aufzuteilen sein. Die Übernahme von Bürgschaften zugunsten privater Unternehmen, an denen die Gemeinde nicht beteiligt ist, gehört grundsätzlich nicht zum Aufgabenkreis der Gemeinden und Gemeindeverbände.

2 Zu § 73 Abs. 3 wird insbesondere auf § 36 Abs. 4 des Städtebauförderungsgesetzes hingewiesen.

§ 74   Kassenkredite

(1)   Zur rechtzeitigen Leistung ihrer Ausgaben kann die Gemeinde Kassenkredite bis zu dem in der Haushaltssatzung festgesetzten Höchstbetrag aufnehmen, soweit für die Kasse keine anderen Mittel zur Verfügung stehen. Diese Ermächtigung gilt über das Haushaltsjahr hinaus bis zum Erlaß der neuen Haushaltssatzung.

(2)   Der in der Haushaltssatzung festgesetzte Höchstbetrag bedarf im Rahmen der Haushaltssatzung der Genehmigung durch die Aufsichtsbehörde, wenn er ein Sechstel der im Verwaltungshaushalt veranschlagten Einnahmen übersteigt.

§ 75   Rücklagen

Die Gemeinde hat zur Sicherung der Haushaltswirtschaft und für Zwecke des Vermögenshaushalts eine Rücklage in angemessener Höhe zu bilden. Rücklagen für andere Zwecke sind zulässig.

§ 76   Erwerb und Verwaltung von Vermögen

(1)   Die Gemeinde soll Vermögensgegenstände nur erwerben, soweit dies zur Erfüllung ihrer Aufgaben erforderlich ist oder wird.[82])

(2)   Die Vermögensgegenstände sind pfleglich und wirtschaftlich zu verwalten und ordnungsgemäß nachzuweisen. Bei Geldanlagen ist auf eine ausreichende Sicherheit zu achten; sie sollen einen angemessenen Ertrag bringen.

(3)   Für die Verwaltung und Bewirtschaftung von Gemeindewaldungen gelten die Vorschriften dieses Gesetzes und des Landesforstgesetzes.

§ 77   Veräußerung von Vermögen

(1)   Die Gemeinde darf Vermögensgegenstände, die sie zur Erfüllung ihrer Aufgaben in absehbarer Zeit nicht braucht, veräußern.

---

[82]) OVG Lüneburg, Beschl. v. 29. 9. 1975 – V B 42/75 – Gemeinde 75, 382

Vermögensgegenstände dürfen in der Regel nur zu ihrem vollen Wert veräußert werden.[83])

(2) Für die Überlassung der Nutzung eines Vermögensgegenstandes gilt Absatz 1 sinngemäß.

(3) Die Gemeinde bedarf der Genehmigung der Aufsichtsbehörde, wenn sie

1. Vermögensgegenstände unentgeltlich veräußern,

2. Grundstücke oder grundstücksgleiche Rechte verkaufen oder tauschen,

3. über Sachen, die einen besonderen wissenschaftlichen, geschichtlichen oder künstlerischen Wert haben, verfügen oder solche Sachen wesentlich verändern will.

(4) Der Innenminister kann durch Rechtsverordnung Rechtsgeschäfte von der Genehmigungspflicht nach Absatz 3 freistellen, wenn sie zur Erfüllung bestimmter Aufgaben abgeschlossen werden oder ihrer Natur nach regelmäßig wiederkehren oder wenn bestimmte Wertgrenzen oder Grundstücksgrößen nicht überschritten werden.[84])

VV zu § 77

1   Die Genehmigung zur unentgeltlichen Verfügung über Vermögensgegenstände aller Art soll nur in den Ausnahmefällen erteilt werden, in denen ein besonderer Grund die Abgabe des Vermögensgegenstandes rechtfertigt. Ein solcher Grund kann insbesondere dann vorliegen, wenn durch die unentgeltliche Verfügung eine Aufgabe, die sonst von der Gemeinde erfüllt werden müßte, gefördert wird oder wenn der Vermögensgegenstand für die Erfüllung der Aufgaben der Gemeinde nicht benötigt wird und durch seine Verwaltung und Unterhaltung Kosten verursacht werden, die im Verhältnis zu seinem Wert besonders hoch sind.

2   Vor der Veräußerung von Sachen mit besonderem wissen-

---

[83]) Zur Zulässigkeit OVG NW, Urt. v. 5. 8. 1982 – 15 A 1634/81 – KStZ 83, 98
[84]) VO v. 23. 4. 1974 (siehe Anhang 3)

schaftlichen, geschichtlichen oder künstlerischen Wert (§ 77 Abs. 3 Nr. 3) sind die fachlich zuständigen Stellen zu hören. Der besondere wissenschaftliche, geschichtliche oder künstlerische Wert eines Gegenstandes hängt nicht von seinem Sach- oder Geldwert ab. Der Begriff der „wesentlichen Veränderung" wird nicht allein durch den äußeren Umfang der Veränderung bestimmt.

§ 78 Gemeindekasse

(1) Die Gemeindekasse erledigt alle Kassengeschäfte der Gemeinde; § 84 bleibt unberührt. Die Buchführung kann von den Kassengeschäften abgetrennt werden.

(2) Die Gemeinde hat, wenn sie ihre Kassengeschäfte nicht durch eine Stelle außerhalb der Gemeindeverwaltung besorgen läßt, einen Kassenverwalter und einen Stellvertreter zu bestellen.

(3) Der Kassenverwalter und sein Stellvertreter können hauptamtlich oder ehrenamtlich angestellt werden. Die anordnungsbefugten Gemeindebediensteten sowie der Leiter und die Prüfer des Rechnungsprüfungsamtes können nicht gleichzeitig die Stellung eines Kassenverwalters oder seines Stellvertreters innehaben.

(4) Der Kassenverwalter und sein Stellvertreter dürfen nicht Angehörige des Gemeindedirektors, des Kämmerers oder des sonst für das Finanzwesen zuständigen Beamten sowie des Leiters und der Prüfer des Rechnungsprüfungsamtes sein.

(5) Der Kassenverwalter, sein Stellvertreter und die in der Gemeindekasse beschäftigten Beamten und Angestellten sind nicht befugt, Zahlungen anzuordnen.

§ 79 Übertragung von Kassengeschäften, Automation

(1) Die Gemeinde kann die Kassengeschäfte ganz oder zum Teil von einer Stelle außerhalb der Gemeindeverwaltung besorgen lassen, wenn die ordnungsmäßige Erledigung und die Prüfung nach den für die Gemeinde geltenden Vorschriften gewährleistet sind. Die Vorschriften des Gesetzes über kommunale Gemeinschaftsarbeit bleiben unberührt.

(2) Werden die Kassengeschäfte und das Rechnungswesen ganz oder zum Teil automatisiert, so ist den für die Prüfung zuständigen Stellen Gelegenheit zu geben, die Programme vor ihrer Anwendung zu prüfen.

§ 80 Jahresrechnung

(1) In der Jahresrechnung ist das Ergebnis der Haushaltswirtschaft einschließlich des Standes des Vermögens und der Schulden zu Beginn und am Ende des Haushaltsjahres nachzuweisen. Die Jahresrechnung ist durch einen Rechenschaftsbericht zu erläutern.

(2) Die Jahresrechnung wird vom Kämmerer oder dem sonst für das Finanzwesen zuständigen Beamten aufgestellt und vom Gemeindedirektor festgestellt. Der Gemeindedirektor leitet sie dem Rat innerhalb von drei Monaten nach Ablauf des Haushaltsjahres zu.

§ 81 Entlastung

(1) Der Rat beschließt über die vom Rechnungsprüfungsausschuß geprüfte Jahresrechnung bis spätestens 31. Dezember des auf das Haushaltsjahr folgenden Jahres; zugleich entscheidet er über die Entlastung des Gemeindedirektors. Verweigert der Rat die Entlastung oder spricht er sie mit Einschränkungen aus, so hat er dafür die Gründe anzugeben.

(2) Der Beschluß über die Jahresrechnung und die Entlastung ist der Aufsichtsbehörde unverzüglich mitzuteilen und öffentlich bekanntzumachen. Im Anschluß an die Bekanntmachung ist die Jahresrechnung mit Rechenschaftsbericht an sieben Tagen öffentlich auszulegen; in der Bekanntmachung ist auf die Auslegung hinzuweisen.

VV zu § 81

Die öffentliche Bekanntmachung im Sinne von § 81 Abs. 2 ist eine sonstige öffentliche Bekanntmachung nach § 37 Abs. 3.

2. ABSCHNITT: Sondervermögen, Treuhandvermögen

§ 82 Sondervermögen

(1) Sondervermögen der Gemeinde sind

1. das Gemeindegliedervermögen,

2. das Vermögen der rechtlich unselbständigen örtlichen Stiftungen,

3. wirtschaftliche Unternehmen ohne eigene Rechtspersönlichkeit und öffentliche Einrichtungen, für die auf Grund gesetzlicher Vorschriften Sonderrechnungen geführt werden,

4. rechtlich unselbständige Versorgungs- und Versicherungseinrichtungen.

(2) Sondervermögen nach Absatz 1 Nr. 1 und 2 unterliegen den Vorschriften über die Haushaltswirtschaft. Sie sind im Haushalt der Gemeinde gesondert nachzuweisen.

(3) Auf Sondervermögen nach Absatz 1 Nr. 3 sind die Vorschriften der §§ 62, 63, 70 bis 74, 76 und 77 sinngemäß anzuwenden.

(4) Für Sondervermögen nach Absatz 1 Nr. 4 können besondere Haushaltspläne aufgestellt und Sonderrechnungen geführt werden. In diesem Falle sind die Vorschriften des 1. Abschnitts mit der Maßgabe anzuwenden, daß an die Stelle der Haushaltssatzung der Beschluß über den Haushaltsplan tritt und von der öffentlichen Bekanntmachung und Auslegung nach § 66 Abs. 3 und 6 abgesehen werden kann. Anstelle eines Haushaltsplans können ein Wirtschaftsplan aufgestellt und die für die Wirtschaftsführung und das Rechnungswesen der Eigenbetriebe geltenden Vorschriften sinngemäß angewendet werden; Absatz 3 gilt sinngemäß.

§ 83 Treuhandvermögen

(1) Für rechtlich selbständige örtliche Stiftungen sowie Vermögen, die die Gemeinde nach besonderem Recht treuhänderisch zu verwalten hat, sind besondere Haushaltspläne aufzustellen und Sonderrechnungen zu führen. § 82 Abs. 4 Satz 2 und 3 gilt sinngemäß.

(2) Unbedeutendes Treuhandvermögen kann im Haushalt der Gemeinde gesondert nachgewiesen werden.

(3) Besondere gesetzliche Vorschriften oder Bestimmungen des Stifters bleiben unberührt.

§ 84 Sonderkassen

Für Sondervermögen und Treuhandvermögen, für die Sonderrechnungen geführt werden, sind Sonderkassen einzurichten. Sie sollen mit der Gemeindekasse verbunden werden. § 79 gilt sinngemäß.

§ 85 Freistellung von der Finanzplanung

Der Innenminister kann Sondervermögen und Treuhandvermögen von den Verpflichtungen des § 70 freistellen, soweit die Zahlen der Finanzplanung weder für die Haushalts- oder Wirtschaftsführung noch für die Finanzstatistik benötigt werden.

VV zu § 85

Sondervermögen und Treuhandvermögen, die nicht im Haushalt der Gemeinde gesondert nachgewiesen werden, sind von den Verpflichtungen des § 70 vorerst freigestellt.

§ 86 Gemeindegliedervermögen

(1) Für die Nutzung des Gemeindevermögens, dessen Ertrag nach bisherigem Recht nicht der Gemeinde, sondern sonstigen Berechtigten zusteht (Gemeindegliedervermögen), bleiben die bisherigen Vorschriften und Gewohnheiten unberührt.

(2) Gemeindegliedervermögen darf nicht in Privatvermögen der Nutzungsberechtigten umgewandelt werden. Es kann mit Genehmigung der Aufsichtsbehörde in freies Gemeindevermögen umgewandelt werden. Den bisher Berechtigten ist ein Einkaufsgeld zurückzuzahlen, durch welches sie das Recht zur Teilnahme an der Nutzung des Gemeindegliedervermögens erworben haben. Soweit nach den bisher geltenden rechtlichen Vorschriften Nut-

zungsrechte am Gemeindegliedervermögen den Berechtigten gegen ihren Willen nicht entzogen oder geschmälert werden dürfen, muß von der Gemeinde bei der Umwandlung eine angemessene Entschädigung gezahlt werden. Handelt es sich um Nutzungsrechte an landwirtschaftlich genutzten Grundstücken, so kann die Entschädigung auch durch Hergabe eines Teiles derjenigen Grundstücke gewährt werden, an denen die Nutzungsrechte bestehen.[85])

(3) Gemeindevermögen darf nicht in Gemeindegliedervermögen umgewandelt werden.

§ 87 Örtliche Stiftungen

(1) Örtliche Stiftungen sind die Stiftungen des privaten Rechts, die nach dem Willen des Stifters von einer Gemeinde verwaltet werden und die überwiegend örtlichen Zwecken dienen. Die Gemeinde hat die örtlichen Stiftungen nach den Vorschriften dieses Gesetzes zu verwalten, soweit nicht durch Gesetz oder Stifter anderes bestimmt ist. Das Stiftungsvermögen ist von dem übrigen Gemeindevermögen getrennt zu halten und so anzulegen, daß es für seinen Verwendungszweck greifbar ist.[86])

(2) Die Umwandlung des Stiftungszwecks, die Zusammenlegung und die Aufhebung von rechtlich unselbständigen Stiftungen stehen der Gemeinde zu; sie bedürfen der Genehmigung der Aufsichtsbehörde.

(3) Gemeindevermögen darf nur im Rahmen der Aufgabenerfüllung der Gemeinde und nur dann in Stiftungsvermögen eingebracht werden, wenn der mit der Stiftung verfolgte Zweck auf andere Weise nicht erreicht werden kann.

VV zu § 87

Bei der Zusammenlegung von Stiftungen und der Umwandlung des Stiftungszwecks ist anzustreben, daß die Erträge des Stiftungsver-

---

[85]) Zur Umwandlung OVG NW, Urt. v. 17. 4. 1963 – III A 876/59 – OVGE 19, 7
[86]) Stiftungsverwaltung durch Gemeinde OVG NW, Urt. v. 23. 3. 1984 – 15 A 1620/81 – DÖV 85, 983

mögens dem Personenkreis, dem sie nach dem Willen des Stifters zukommen sollten, erhalten bleiben oder daß der Absicht des Stifters auf andere Weise Rechnung getragen wird.

3. ABSCHNITT: Wirtschaftliche Betätigung und privatrechtliche Beteiligung

§ 88 Errichtung und Erweiterung wirtschafticher Unternehmen

(1) Die Gemeinde darf wirtschaftliche Unternehmen errichten, übernehmen oder wesentlich erweitern, wenn

1. ein dringender öffentlicher Zweck das Unternehmen erfordert und dieser Zweck durch andere Unternehmen nicht besser und wirtschaftlicher erfüllt werden kann und

2. das Unternehmen nach Art und Umfang in einem angemessenen Verhältnis zu der Leistungsfähigkeit der Gemeinde und zum voraussichtlichen Bedarf steht.

(2) Als wirtschaftliche Unternehmen im Sinne dieses Abschnitts gelten nicht

1. Unternehmen, zu denen die Gemeinde gesetzlich verpflichtet ist,

2. Einrichtungen des Bildungs-, Gesundheits- und Sozialwesens, der Kultur, des Sports, der Erholung, der Abfall- und Abwasserbeseitigung, der Straßenreinigung sowie Einrichtungen ähnlicher Art,

3. Einrichtungen, die als Hilfsbetriebe ausschließlich der Deckung des Eigenbedarfs von Gemeinden und Gemeindeverbänden dienen.

Auch diese Unternehmen und Einrichtungen sind, soweit es mit ihrem gemeinnützigen Zweck vereinbar ist, nach wirtschaftlichen Gesichtspunkten zu verwalten und können entsprechend den Vorschriften über die Eigenbetriebe geführt werden. Der Innenminister kann durch Rechtsverordnung bestimmen, daß Unternehmen und Einrichtungen, die nach Art und Umfang eine selbständige Betriebsführung erfordern, ganz oder teilweise nach den für die Eigenbetriebe geltenden Vorschriften zu führen sind; hierbei können auch Regelungen getroffen werden, die von einzelnen für die Eigenbetriebe geltenden Vorschriften abweichen.[87])

(3) Bankunternehmen darf die Gemeinde nicht errichten, übernehmen oder betreiben.

(4) Für das öffentliche Sparkassenwesen gelten die dafür erlassenen besonderen Vorschriften.

§ 89 Beteiligung an einer Gesellschaft

(1) Die Gründung einer Gesellschaft, die auf den Betrieb eines wirtschaftlichen Unternehmens gerichtet ist, durch eine Gemeinde oder die Beteiligung an einer solchen Gesellschaft ist nur zulässig, wenn

1. die Voraussetzungen des § 88 Abs. 1 vorliegen,

2. für die Gesellschaft eine Rechtsform gewählt wird, die die Haftung der Gemeinde auf einen bestimmten Betrag begrenzt,

3. gewährleistet ist, daß der Jahresabschluß und der Lagebericht, soweit nicht weitergehende gesetzliche Vorschriften gelten oder andere gesetzliche Vorschriften entgegenstehen, auf Grund der Satzung oder des Gesellschaftsvertrages in entsprechender Anwendung der Vorschriften des Dritten Buches des Handelsgesetzbuches für große Kapitalgesellschaften aufgestellt und ebenso oder in entsprechender Anwendung der für Eigenbetriebe geltenden Vorschriften geprüft werden.

Die Aufsichtsbehörde kann von den Vorschriften der Nummern 2 und 3 in begründeten Fällen Ausnahmen zulassen.

(2) Absatz 1 gilt mit Ausnahme der Vorschriften der Nummern 1 und 2 auch für die Gründung einer Gesellschaft, die nicht auf den Betrieb eines wirtschaftlichen Unternehmens gerichtet ist, sowie

---

[87]) Zulässigkeit wirtschaftlicher Betätigung BGH, Urt. v. 26. 4. 1974 – I ZR 8/73 – NJW 74, 133; Wirtschaftsförderung VG Münster, Urt. v. 18. 12. 62 – 2 K 530/61 – DÖV 63, 622; OVG NW, Urt. v. 2. 12. 1985 – 4 A 2214/84 – StGR 87, 59

für die Beteiligung an einer solchen Gesellschaft. Darüber hinaus ist die Gründung einer solchen Gesellschaft oder die Beteiligung an einer solchen Gesellschaft nur zulässig, wenn ein wichtiges Interesse der Gemeinde an der Gründung oder Beteiligung vorliegt.

(3) Gehören einer Gemeinde mehr als 50 vom Hundert der Anteile an einer Gesellschaft, so soll die Gemeinde darauf hinwirken, daß

1. in sinngemäßer Anwendung der für die Eigenbetriebe geltenden Vorschriften

   a) für jedes Wirtschaftsjahr ein Wirtschaftsplan aufgestellt wird,

   b) der Wirtschaftsführung eine fünfjährige Finanzplanung zugrunde gelegt und der Gemeinde zur Kenntnis gebracht wird,

   c) die Feststellung des Jahresabschlusses, die Verwendung des Ergebnisses sowie das Ergebnis der Prüfung des Jahresabschlusses und des Lageberichts ortsüblich bekanntgemacht werden, gleichzeitig der Jahresabschluß und der Lagebericht ausgelegt werden und in der Bekanntmachung auf die Auslegung hingewiesen wird,

2. nach den Wirtschaftsgrundsätzen (§ 94) verfahren wird, wenn die Gesellschaft ein wirtschaftliches Unternehmen betreibt.

(4) Absätze 1 und 2 gelten entsprechend, wenn eine Gesellschaft, an der Gemeinden oder Gemeindeverbände allein oder zusammen mit anderen mit mehr als 50 vom Hundert beteiligt sind, sich an einer anderen Gesellschaft oder einer anderen Vereinigung des privaten Rechts beteiligen will.

(5) Die Gemeinde kann einen einzelnen Geschäftsanteil an einer eingetragenen Kreditgenossenschaft erwerben, wenn eine Nachschußpflicht ausgeschlossen oder die Haftsumme auf einen bestimmten Betrag beschränkt ist.

VV zu § 89

1   Wegen der aktienrechtlichen Vorschriften i. S. des § 89 Satz
    1 Nr. 3 wird auf die §§ 148, 149, 151 bis 159 und 161 bis 169
    AktG, wegen der für die Eigenbetriebe geltenden Vorschriften
    auf die §§ 19 bis 22, 24 und 25 der Eigenbetriebsverordnung
    sowie auf die Verordnung über die Durchführung der Jahresab-
    schlußprüfung bei Eigenbetrieben und prüfungspflichtigen
    Einrichtungen vom 9. März 1981 (GV. NW. S. 147/SGV. NW. 641)
    verwiesen. Es genügt eine Bekanntmachung nach dem für die
    Gemeinde geltenden Bekanntmachungsrecht.

2   Die nach § 89 Abs. 1 Satz 1 Nr. 3 gegebenen Wahl- und Kombi-
    nationsmöglichkeiten lassen z. B. auch zu, daß die Aufstellung
    des Jahresabschlusses entsprechend den aktienrechtlichen,
    die Prüfung jedoch entsprechend den für die Eigenbetriebe
    geltenden Vorschriften erfolgt, etwa um die Betreuung, die das
    Gemeindeprüfungsamt des Regierungspräsidenten als gesetz-
    licher Bilanzprüfer ausübte, beizubehalten.

3   Bei Ausnahmeanträgen nach § 89 Abs. 1 sollten die Gemeinden
    insbesondere bei Neugründungen und dem Eingehen neuer
    Beteiligungen beachten, daß es im allgemeinen den wohlver-
    standenen Interessen aller Beteiligten entspricht, wenn die
    Haftung begrenzt wird, wenn ausführlich Rechnung gelegt
    wird und wenn die Jahresabschlüsse regelmäßig durch Wirt-
    schaftsprüfer geprüft werden.

4   Solange die Eigenbetriebe auf Grund der Verwaltungsvor-
    schrift zu § 85 von den Verpflichtungen des § 70 freigestellt
    sind, braucht auch von den Gesellschaften eine Finanzplanung
    gemäß § 89 Abs. 3 Satz 1 Nr. 1 Buchst. b) nicht gefordert zu
    werden.

§ 90   Informations- und Prüfungsrechte

**(1) Gehören einer Gemeinde Anteile an einem Unternehmen in
dem in § 53 des Haushaltsgrundsätzegesetzes bezeichneten
Umfang, so soll sie**

**1. die Rechte nach § 53 Abs. 1 des Haushaltsgrundsätzegesetzes
ausüben,**

2. darauf hinwirken, daß ihr die in § 54 des Haushaltsgrundsätzegesetzes vorgesehenen Befugnisse eingeräumt werden.

(2)   Ist eine Beteiligung der Gemeinde an einer Gesellschaft keine Mehrheitsbeteiligung im Sinne des § 53 des Haushaltsgrundsätzegesetzes, so soll die Gemeinde, soweit ihr Interesse dies erfordert, darauf hinwirken, daß ihr im Gesellschaftsvertrag oder in der Satzung die Befugnisse nach § 53 des Haushaltsgrundsätzegesetzes eingeräumt werden. Bei mittelbaren Beteiligungen gilt dies nur, wenn die Beteiligung den vierten Teil der Anteile übersteigt und einer Gesellschaft zusteht, an der die Gemeinde allein oder zusammen mit anderen Gebietskörperschaften mit Mehrheit im Sinne des § 53 des Haushaltsgrundsätzegesetzes beteiligt ist.

VV zu § 90

1   § 90 unterscheidet nicht nach Unternehmensgegenständen und erfaßt daher z.B. auch solche Unternehmen, die nicht als wirtschaftliche Unternehmen gelten (vgl. § 88 Abs. 2).

2   Bei der Ausübung ihrer Rechte nach § 53 HGrG soll die Gemeinde im Interesse einer vollständigen und vergleichbaren Prüfung und Berichterstattung darauf hinwirken, daß nach den „Grundsätzen für die Prüfung von Unternehmen nach § 53 Haushaltsgrundsätzegesetz" (Anlage zu Nr. 2 der VV zu § 68 LHO, − Vorl. VV-LHO −, RdErl. v. 21. 7. 1972 (SMBl. NW. 631) und nach dem vom Fachausschuß für kommunales Prüfungswesen beim Institut der Wirtschaftsprüfer empfohlenen Fragenkatalog (Fachnachrichten des Instituts der Wirtschaftsprüfer in Deutschland e. V. 1978 S. 64, WPg 1978 S. 173) vorgegangen wird.

3   Es wird empfohlen, die Rechte nach § 53 Abs. 1 HGrG möglichst in der Weise auszuüben, daß die Geschäftsführer, der Vorstand oder das entsprechende Organ durch Gesellschaftsvertrag oder Satzung verpflichtet werden, die in § 53 Abs. 1 Nr. 1 bis 3 HGrG genannte Prüfung, Berichterstattung und Übersendung des Prüfungsberichts alljährlich zu veranlassen. Die Aufnahme einer solchen Bestimmung in den Gesellschaftsvertrag (die Satzung) erübrigt sich, wenn der Gesellschaftsvertrag oder die Satzung vorsehen, daß der Jahresabschluß entspre-

chend den für die Eigenbetriebe geltenden Vorschriften geprüft wird.

4   Von den Verpflichtungen nach § 90 darf nur aus zwingenden Gründen abgewichen werden. Die Gründe sind in jedem Einzelfall aktenkundig zu machen.

§ 91 Veräußerung von wirtschaftlichen Unternehmen, Einrichtung und Beteiligungen

(1) Die teilweise oder vollständige Veräußerung eines wirtschaftlichen Unternehmens oder einer Beteiligung an einer Gesellschaft sowie andere Rechtsgeschäfte, durch welche die Gemeinde ihren Einfluß auf das wirtschaftliche Unternehmen oder die Gesellschaft verliert oder vermindert, sind nur zulässig, wenn die Erfüllung der Aufgaben der Gemeinde nicht beeinträchtigt wird. Das gleiche gilt für Einrichtungen im Sinne von § 88 Abs. 2.

(2) Absatz 1 gilt entsprechend, wenn eine Gesellschaft, an der Gemeinden und Gemeindeverbände allein oder zusammen mit anderen mit mehr als 50 vom Hundert beteiligt sind, Veräußerungen sowie andere Rechtsgeschäfte im Sinne des Absatzes 1 vornehmen will.

§ 92 Beteiligung an einer anderen privatrechtlichen Vereinigung

Die Vorschriften des § 89 Abs. 1 mit Ausnahme der Nummer 3, des Absatzes 2 Satz 2 und des Absatzes 4 sowie des § 91 gelten auch für andere Vereinigungen in privater Rechtsform, ausgenommen kommunale Spitzenverbände sowie Fachverbände und ähnliche Organisationen.

§ 93 Eigenbetriebe

(1) Die gemeindlichen wirtschaftlichen Unternehmen ohne Rechtspersönlichkeit (Eigenbetriebe) werden nach den Vorschrif-

ten der Eigenbetriebsverordnung und der Betriebssatzung geführt.[88])

(2) In den Angelegenheiten des Eigenbetriebes ist der Werkleitung ausreichende Selbständigkeit der Entschließung einzuräumen. Die Zuständigkeiten des Rates sollen soweit wie möglich dem Werksausschuß übertragen werden.[89])

(3) Bei Eigenbetrieben mit mehr als fünfzig Beschäftigten besteht der Werksausschuß zu einem Drittel aus Beschäftigten des Eigenbetriebes. Die Gesamtzahl der Ausschußmitglieder muß in diesem Fall durch drei teilbar sein. Bei Eigenbetrieben mit weniger als einundfünfzig, aber mehr als zehn Beschäftigten gehören dem Werksausschuß zwei Beschäftigte des Eigenbetriebes an. Die dem Werksausschuß angehörenden Beschäftigten werden aus einem Vorschlag der Versammlung der Beschäftigten des Eigenbetriebes gewählt, der mindestens die doppelte Anzahl der zu wählenden Mitglieder und Stellvertreter enthält. Wird für mehrere Eigenbetriebe ein gemeinsamer Werksausschuß gebildet, ist die Gesamtzahl aller Beschäftigten dieser Eigenbetriebe maßgebend. Satz 4 gilt entsprechend. Die Zahl der sachkundigen Bürger darf zusammen mit der Zahl der Beschäftigten die der Ratsmitglieder im Werksausschuß nicht erreichen.

VV zu § 93

1   Die Mitbestimmungsregelung des § 93 Abs. 3 erstreckt sich auf die rechtlich unselbständigen wirtschaftlichen Unternehmen. Im Bereich der öffentlichen Einrichtungen im Sinne von § 88 Abs. 2 ist, weil sie nicht vergleichbar wirtschaftlich ausgerichtet sind, eine direktive Mitbestimmung nicht vorgesehen.

2   Die Beschäftigten werden durch den Rat nach § 35 Abs. 3 zusammen mit den übrigen Ausschußmitgliedern in einem Wahlgang gewählt. Sie wirken gerade im Hinblick auf ihre Beschäftigteneigenschaft im Werksausschuß mit. Ihrer Mitgliedschaft im Ausschuß stehen Vorschriften über die Unvereinbarkeit von Amt und Mandat (§ 13 KWahlG) nicht entgegen.

---

[88]) vgl. Eigenbetriebsverordnung v. 1. 6. 1988 (siehe Anhang 6)
[89]) Im Rahmen der laufenden Betriebsführung ist die Werkleitung zu verklagen OVG NW, Urt. v. 22. 7. 1958 – III A 780/56 – StT 60, 123; zur Entschädigung von Beschäftigten der Eigenbetriebe, Rdschr. des IM NW v. 25. 2. 1986 – MittNW StBG 86, 105

§ 94 Wirtschaftsgrundsätze

(1) Wirtschaftliche Unternehmen sind so zu führen, daß der öffentliche Zweck nachhaltig erfüllt wird. Sie sollen einen Ertrag für den Haushalt der Gemeinde abwerfen, soweit dadurch die Erfüllung des öffentlichen Zwecks nicht beeinträchtigt wird.

(2) Der Jahresgewinn der wirtschaftlichen Unternehmen als Unterschied der Erträge und Aufwendungen soll so hoch sein, daß außer den für die technische und wirtschaftliche Fortentwicklung des Unternehmens notwendigen Rücklagen mindestens eine marktübliche Verzinsung des Eigenkapitals erwirtschaftet wird.

§ 95 Verbot des Mißbrauchs wirtschaftlicher Machtstellung

Bei Unternehmen, für die kein Wettbewerb gleichartiger Unternehmen besteht, dürfen der Anschluß und die Belieferung nicht davon abhängig gemacht werden, daß auch andere Leistungen oder Lieferungen abgenommen werden.

§ 96 Anzeige

(1) Entscheidungen der Gemeinde über

a) die Errichtung, die Übernahme oder eine wesentliche Erweiterung eines wirtschaftlichen Unternehmens,

b) die Gründung einer Gesellschaft, die erstmalige Beteiligung an einer Gesellschaft sowie die wesentliche Erhöhung einer Beteiligung an einer Gesellschaft,

c) den Erwerb eines Geschäftsanteils an einer eingetragenen Genossenschaft,

d) Rechtsgeschäfte im Sinne von § 91 Abs. 1

sind der Aufsichtsbehörde unverzüglich, spätestens sechs Wochen vor Beginn des Vollzugs, schriftlich anzuzeigen. Aus der Anzeige muß zu ersehen sein, ob die gesetzlichen Voraussetzungen erfüllt sind.

(2) Absatz 1 gilt für Entscheidungen über mittelbare Beteiligungen im Sinne von § 89 Abs. 4 entsprechend.

§ 97 *(entfällt)*

§ 98 *(entfällt)*

4. ABSCHNITT: Prüfungswesen, Sondervorschriften

§ 99 Prüfung der Rechnung

(1) Der Rechnungsprüfungsausschuß prüft die Rechnung mit allen Unterlagen daraufhin, ob

1. der Haushaltsplan eingehalten ist,

2. die einzelnen Rechnungsbeträge sachlich und rechnerisch vorschriftsmäßig begründet und belegt sind,

3. bei den Einnahmen und Ausgaben nach den geltenden Vorschriften verfahren ist,

4. die Vorschriften über Verwaltung und Nachweis des Vermögens und der Schulden eingehalten sind.

In die Prüfung der Rechnung sind die Entscheidungen und Verwaltungsvorgänge aus delegierten Sozialhilfeaufgaben auch dann einzubeziehen, wenn die Zahlungsvorgänge selbst durch den Träger der Sozialhilfe vorgenommen werden.[90])

(2) Ergibt die Prüfung der Rechnung Unstimmigkeiten, so hat der Gemeindedirektor die erforderliche Aufklärung beizubringen.

(3) Das Ergebnis der Prüfung nach Absatz 1 Satz 1 ist in einem Schlußbericht zusammenzufassen. Das Ergebnis der Prüfung nach Absatz 1 Satz 2 ist für den Träger der Sozialhilfe gesondert darzustellen.

(4) In Gemeinden, in denen ein Rechnungsprüfungsamt besteht, bedient sich der Rechnungsprüfungsausschuß zur Durchführung

---

[90]) Prüfung der Sozialhilfeaufgaben vgl. LT-Drucksache 10/3778 v. 11. 11. 1988

der Arbeiten nach den Absätzen 1 bis 3 des Rechnungsprüfungsamts.

VV zu § 99

Stimmt in Gemeinden mit Rechnungsprüfungsämtern der Schlußbericht, der vom Rechnungsprüfungsausschuß vorzulegen ist, nicht
mit der Auffassung des Rechnungsprüfungsamtes überein, so ist die
abweichende Auffassung des Rechungsprüfungsamtes dem Rat zur
Kenntnis zu bringen.

§ 100 Rechnungsprüfungsamt

**Kreisfreie Städte, Große und Mittlere kreisangehörige Städte
haben ein Rechnungsprüfungsamt einzurichten. Die übrigen
Gemeinden sollen es einrichten, wenn ein Bedürfnis hierfür
besteht und die Kosten in angemessenem Verhältnis zum Umfang
der Verwaltung stehen.**

§ 101 Leiter und Prüfer des Rechnungsprüfungsamts

(1) Das Rechnungsprüfungsamt ist dem Rat unmittelbar verantwortlich und in seiner sachlichen Tätigkeit ihm unmittelbar unter-
stellt. Der Gemeindedirektor kann innerhalb seines Amtsbereichs
unter Mitteilung an den Bürgermeister dem Rechnungsprüfungsamt Aufträge zu Prüfungen erteilen.

(2) Der Rat bestellt den Leiter und die Prüfer des Rechnungsprüfungsamts und beruft sie ab. Der Leiter und die Prüfer können
nicht Mitglieder des Rates sein und dürfen eine andere Stellung in
der Gemeinde nur innehaben, wenn dies mit ihren Prüfungsaufga-
ben vereinbar ist.

(3) Der Leiter des Rechnungsprüfungsamtes muß Beamter sein.
Er darf nicht Angehöriger des Bürgermeisters, des Gemeindedirektors, des Kämmerers oder des sonst für das Finanzwesen
zuständigen Beamten sowie des Kassenverwalters und dessen
Stellvertreters sein.

(4) Der Leiter und die Prüfer des Rechnungsprüfungsamts dürfen
Zahlungen durch die Gemeinde weder anordnen noch ausführen.

VV zu § 101

Das Rechnungsprüfungsamt ist unbeschadet seiner unmittelbaren Verantwortlichkeit gegenüber dem Rat in der Beurteilung der Prüfungsvorgänge nur dem Gesetz unterworfen.

§ 102   Aufgaben des Rechnungsprüfungsamts

(1)   **Das Rechnungsprüfungsamt hat folgende Aufgaben:**

1. die Prüfung der Rechnung (§ 99),

2. die laufende Prüfung der Kassenvorgänge und Belege zur Vorbereitung der Prüfung der Jahresrechnung,

3. die dauernde Überwachung der Kassen der Gemeinde und ihrer Sondervermögen sowie die Vornahme der Kassenprüfungen,

4. bei Automation im Bereich der Haushaltswirtschaft die Prüfung der Programme vor ihrer Anwendung (§ 79 Abs. 2),

5. die Prüfung der Finanzvorfälle gemäß § 56 Abs. 3 des Haushaltsgrundsätzegesetzes und gemäß § 100 Abs. 4 der Landeshaushaltsordnung,

6. die Prüfung von Vergaben.

(2)   **Der Rat kann dem Rechnungsprüfungsamt weitere Aufgaben übertragen, insbesondere**

1. die Prüfung der Vorräte und Vermögensbestände,

2. die Prüfung jeder Anordnung vor ihrer Zuleitung an die Kasse,

3. die Prüfung der Verwaltung auf Sauberkeit, Zweckmäßigkeit und Wirtschaftlichkeit,

4. die Prüfung der Wirtschaftsführung und des Rechnungswesens der Sondervermögen, wobei auf die Jahresabschlußprüfung nach § 103 a mit abzustellen ist,

5. die Prüfung der Betätigung der Gemeinde als Gesellschafter, Aktionär oder Mitglied in Gesellschaften und anderen Vereinigungen des privaten Rechts sowie die Kassen-, Buch- und Betriebsprüfung, die sich die Gemeinde bei einer Beteiligung, bei der Hingabe eines Darlehens oder sonst vorbehalten hat.

VV zu § 102

1   Die Prüfung nach Abs. 1 Nr. 4 erstreckt sich auf alle ADV-Programme im Bereich der Haushaltswirtschaft, nicht nur auf den Bereich der in § 79 Abs. 2 genannten Kassengeschäfte und des Rechnungswesens.

2   Die Verpflichtung nach § 102 Abs. 1 Nr. 4 besteht auch dann, wenn mehrere Gemeinden dasselbe Programm verwenden. In diesen Fällen genügt es jedoch, wenn das Programm − unabhängig, ob es in einer eigenen, einer gemeinsam mit anderen betriebenen oder in einer fremden Anlage verwandt wird − vor seiner Anwendung von einem Rechnungsprüfungsamt geprüft worden ist, dem die Prüfung von den beteiligten Gemeinden nach den Vorschriften des Gesetzes über kommunale Gemeinschaftsarbeit (GkG) übertragen wurde. Ändert eine Gemeinde ein bereits geprüftes Programm, so ist die Änderung vor Anwendung des Programms vom Rechnungsprüfungsamt dieser Gemeinde zu prüfen.

§ 103   Überörtliche Prüfung

(1)   Die überörtliche Prüfung des Haushalts-, Kassen- und Rechnungswesens der Gemeinden sowie der Wirtschaftsführung und des Rechnungswesens ihrer Sondervermögen erstreckt sich darauf, ob

1. die Gesetze und die zur Erfüllung von Aufgaben ergangenen Weisungen (§ 3 Abs. 2) eingehalten und

2. die zweckgebundenen Staatszuweisungen bestimmungsgemäß verwendet worden sind.

§ 103 a bleibt unberührt.

(2)   Fragen, bei denen das Gesetz die Entscheidung dem eigenen Ermessen der Gemeinden überläßt, insbesondere Fragen der Organisation und Zweckmäßigkeit der Verwaltung, unterliegen nicht der überörtlichen Prüfung.

(3)   Die überörtliche Prüfung der kreisfreien Städte und ihrer Sondervermögen ist Aufgabe des Gemeindeprüfungsamts des Regierungspräsidenten.

(4) Die überörtliche Prüfung der kreisangehörigen Gemeinden und ihrer Sondervermögen ist Aufgabe des Gemeindeprüfungsamts des Oberkreisdirektors als unterer staatlicher Verwaltungsbehörde; sie wird vom Rechnungsprüfungsamt des Kreises wahrgenommen.

VV zu § 103

1   Prüfungsziel der überörtlichen Prüfung ist die Feststellung, ob die Vorschriften des VI. Teils „Gemeindewirtschaft" der Gemeindeordnung sowie der übrigen Gesetze und Rechtsverordnungen, die sich auf die Haushalts- und Wirtschaftsführung der Gemeinden und ihrer Sondervermögen auswirken, beachtet worden sind. Die örtliche Rechnungsprüfung gehört im Sinne des § 103 Abs. 1 zum Haushalts-, Kassen- und Rechnungswesen der Gemeinde sowie der Wirtschaftsführung und des Rechnungswesens ihrer Sondervermögen. Doppelprüfungen sollten möglichst vermieden werden; die Gemeindeprüfungsämter entscheiden jedoch eigenverantwortlich, inwieweit Prüfungsunterlagen und Prüfungsergebnisse der örtlichen Rechnungsprüfung und der Jahresabschlußprüfung herangezogen und ob die Aufgaben nach § 102 als erfüllt angesehen werden können.

2   Überörtliche Prüfungen müssen zeitnah durchgeführt werden und ihre Ergebnisse den Gemeinden selbst und den Aufsichtsbehörden alsbald zur Verfügung stehen, damit sie bei der künftigen Gestaltung der Haushalts- und Wirtschaftsführung berücksichtigt werden können. Der zweckmäßige Einsatz der Prüfungsorgane kann es rechtfertigen, zwei Haushaltsjahre in einer überörtlichen Prüfung zusammenzufassen.

3   Bis zum Erlaß einer Prüfungsverordnung gem. § 119 Abs. 2 Nr. 11 finden die bisherigen Bestimmungen zur überörtlichen Prüfung (§§ 122 bis 125 und 127 Pr. Gemeindefinanzgesetz – PrGS. NW. S. 14/SGV. NW. 2023) in sinngemäßer Anpassung an die Gemeindeordnung weiterhin Anwendung.

§ 103 a Jahresabschlußprüfung

(1) Der Jahresabschluß und der Lagebericht des Eigenbetriebs sind zu prüfen (Jahresabschlußprüfung). In die Prüfung des Jahresabschlusses ist die Buchführung einzubeziehen. Die Prüfung des Jahresabschlusses erstreckt sich darauf, ob die gesetzlichen Vorschriften und die sie ergänzenden Satzungen und sonstigen ortsrechtlichen Bestimmungen beachtet sind. Der Lagebericht ist darauf zu prüfen, ob er mit dem Jahresabschluß in Einklang steht und ob seine sonstigen Angaben nicht eine falsche Vorstellung von der Lage des Unternehmens erwecken. Über die Prüfung ist schriftlich zu berichten. Im Rahmen der Jahresabschlußprüfung ist in entsprechender Anwendung des § 53 Abs. 1 Nrn. 1 und 2 des Haushaltsgrundsätzegesetzes ferner die Ordnungsmäßigkeit der Geschäftsführung zu prüfen und über die wirtschaftlich bedeutsamen Sachverhalte zu berichten. Die Kosten der Jahresabschlußprüfung trägt der Betrieb. Eine Befreiung von der Jahresabschlußprüfung ist zulässig; sie kann befristet und mit Auflagen verbunden werden.

(2) Die Jahresabschlußprüfung obliegt dem Gemeindeprüfungsamt des Regierungspräsidenten. Das Gemeindeprüfungsamt des Regierungspräsidenten bedient sich zur Durchführung der Jahresabschlußprüfung eines Wirtschaftsprüfers oder einer Wirtschaftsprüfungsgesellschaft. Die Gemeinde kann einen Wirtschaftsprüfer oder eine Wirtschaftsprüfungsgesellschaft vorschlagen. Das Gemeindeprüfungsamt soll dem Vorschlag der Gemeinde folgen. Das Gemeindeprüfungsamt des Regierungspräsidenten kann zulassen, daß der Betrieb im Einvernehmen mit dem Gemeindeprüfungsamt einen Wirtschaftsprüfer oder eine Wirtschaftsprüfungsgesellschaft unmittelbar mit der Prüfung beauftragt.

(3) Die Absätze 1 und 2 gelten entsprechend für Einrichtungen, die gemäß § 88 Abs. 2 entsprechend den Vorschriften über das Rechnungswesen der Eigenbetriebe geführt werden.

§ 104 Unwirksame Rechtsgeschäfte

(1) Rechtsgeschäfte, die ohne die auf Grund dieses Gesetzes erforderliche Genehmigung der Aufsichtsbehörde abgeschlossen werden, sind unwirksam.

(2) Rechtsgeschäfte, die gegen das Verbot des § 72 Abs. 7, des § 73 Abs. 1 oder des § 95 verstoßen, sind nichtig.

§ 105 Befreiung von der Genehmigungspflicht

Der Innenminister wird ermächtigt, durch Rechtsverordnung Rechtsgeschäfte, die nach den Vorschriften der Abschnitte 1 bis 4 der Genehmigung der Aufsichtsbehörde bedürfen, von der Genehmigung allgemein freizustellen und statt dessen die vorherige Anzeige an die Aufsichtsbehörde vorzuschreiben.

VII. TEIL: Aufsicht

§ 106 Allgemeine Aufsicht und Sonderaufsicht

(1) Die Aufsicht des Landes (§ 9) erstreckt sich darauf, daß die Gemeinden im Einklang mit den Gesetzen verwaltet werden (allgemeine Aufsicht).

(2) Soweit die Gemeinden ihre Aufgaben nach Weisung erfüllen (§ 3 Abs. 2), richtet sich die Aufsicht nach den hierüber erlassenen Gesetzen (Sonderaufsicht).

§ 106 a Aufsichtsbehörden

(1) Die allgemeine Aufsicht über die kreisangehörigen Gemeinden führt der Oberkeisdirektor als untere staatliche Verwaltungsbehörde; § 48 Kreisordnung bleibt unberührt.

(2) Die allgemeine Aufsicht über kreisfreie Städte führt der Regierungspräsident.

(3) Obere Aufsichtsbehörde ist für kreisangehörige Gemeinden der Regierungspräsident, für kreisfreie Städte der Innenminister.

(4) Oberste Aufsichtsbehörde ist der Innenminister.

(5) Sind an Angelegenheiten, die nach diesem Gesetz der Genehmigung oder der Entscheidung der Aufsichtsbehörde bedürfen, Gemeinden verschiedener Kreise oder Regierungsbezirke beteiligt, ist die gemeinsame nächsthöhere Aufsichtsbehörde oder die von dieser bestimmte Aufsichtsbehörde zuständig.

VV zu § 106 a

Für Anliegen der Gemeinden an oberste Landesbehörden – bei kreisangehörigen Gemeinden auch Landesmittelbehörden – und an oberste Bundesbehörden ist der Dienstweg einzuhalten. Eingaben und Berichte, die unter Umgehung des Dienstweges vorgelegt werden, gehen unerledigt zurück.

Eingaben, die der Landesregierung vom Landtag zugeleitet werden und Angelegenheiten einer Gemeinde zum Gegenstand haben, werden unter Benachrichtigung der Aufsichtsbehörde unmittelbar der Gemeinde zugeleitet. Die Eingabe ist von der Gemeinde mit größtmöglicher Beschleunigung und unter besonderer Verantwortung des Hauptverwaltungsbeamten zu bearbeiten. Die Stellungnahme ist immer über die Aufsichtsbehörde vorzulegen.

§ 107 Unterrichtungsrecht

Die Aufsichtsbehörde kann sich jederzeit über die Angelegenheiten der Gemeinde unterrichten.

VV zu § 107

Das Unterrichtungsrecht der Aufsichtsbehörde erstreckt sich auf alle die Gemeinde betreffenden Vorgänge. Hierbei ist es der Aufsichtsbehörde freigestellt, ob sie an Ort und Stelle prüfen und besichtigen, mündliche und schriftliche Berichte anfordern sowie Akten und sonstige Unterlagen einsehen will.

§ 108 Beanstandungs- und Aufhebungsrecht

(1) Die Aufsichtsbehörde kann den Gemeindedirektor anweisen, Beschlüsse des Rates und der Ausschüsse, die das geltende Recht verletzen, zu beanstanden (§ 39 Abs. 2 und 3). Sie kann solche Beschlüsse nach vorheriger Beanstandung durch den Gemeindedirektor und nochmaliger Beratung im Rat oder Ausschuß aufheben.[91])

(2) Die Aufsichtsbehörde kann Anordnungen des Gemeindedirektors, die das geltende Recht verletzen, beim Rat beanstanden. Die Beanstandung ist schriftlich in Form einer begründeten Darlegung dem Rat mitzuteilen. Sie hat aufschiebende Wirkung. Billigt der Rat die Anordnung des Gemeindedirektors, so kann die Aufsichtsbehörde die Anordnung aufheben.

VV zu § 108

Die Aufhebung eines rechtswidrigen Beschlusses des Rates oder eines Ausschusses setzt immer eine vorherige Beanstandung durch den Gemeindedirektor und eine nochmalige Beratung im Rat oder Ausschuß voraus. Kommt der Gemeindedirektor der Anweisung zur Beanstandung eines Beschlusses nicht nach, so kann die Aufsichtsbehörde den Beschluß selbst beanstanden.

§ 109 Anordnungsrecht und Ersatzvornahme

(1) Erfüllt die Gemeinde die ihr nach dem Gesetz obliegenden Pflichten oder Aufgaben nicht, so kann die Aufsichtsbehörde anordnen, daß sie innerhalb einer bestimmten Frist das Erforderliche veranlaßt.

(2) Kommt die Gemeinde der Anordnung der Aufsichtsbehörde nicht innerhalb der bestimmten Frist nach, so kann die Aufsichtsbehörde die Anordnung an Stelle und auf Kosten der Gemeinde

---

[91]) Aufhebung ohne Beanstandung OVG NW, Urt. v. 17. 2. 1984 – 15 A 2626/81 – StGR 84, 373; Frage des Klageberechtigten OVG NW, Urt. v. 5. 9. 1980 – 15 A 686/78 – DVBl 81, 227

selbst durchführen oder die Durchführung einem anderen übertragen.[92])

VV zu § 109

1 Zu den Pflichten oder Aufgaben der Gemeinde im Sinne des § 109 Abs. 1 gehören alle auf einer gültigen Rechtsnorm beruhenden oder von ihr ausgehenden öffentlich-rechtlichen Verpflichtungen. Nicht hierunter fallen die rein bürgerlich-rechtlichen Verpflichtungen der Gemeinden, deren Durchsetzung das Gesetz dem ordentlichen Rechtsweg überläßt.

2 Die Aufsichtsbehörde ist bei der Ersatzvornahme befugt, jede hierzu erforderliche rechtserhebliche Erklärung für die Gemeinde abzugeben sowie jedes Recht der Gemeinde auf dem Gebiete des öffentlichen wie des privaten Rechts mit voller Rechtswirksamkeit für die Gemeinde und für Dritte auszuüben.

§ 110 Bestellung eines Beauftragten

Wenn und solange die Befugnisse der Aufsichtsbehörde nach den §§ 107 bis 109 nicht ausreichen, kann der Innenminister einen Beauftragten bestellen, der alle oder einzelne Aufgaben der Gemeinde auf ihre Kosten wahrnimmt. Der Beauftragte hat die Stellung eines Organs der Gemeinde.[93])

§ 111 Auflösung des Rates

Der Innenminister kann durch Beschluß der Landesregierung ermächtigt werden, einen Rat aufzulösen, wenn er dauernd beschlußunfähig ist oder wenn eine ordnungsmäßige Erledigung der Gemeindeaufgaben aus anderen Gründen nicht gesichert ist. Innerhalb von drei Monaten nach Bekanntgabe der Auflösung ist eine Neuwahl durchzuführen.

---

[92]) Ersatzvornahme OVG NW, Urt. v. 24. 6. 1970 – III A 28/68 – DÖV 70, 785; Gewährung vorläufigen Rechtsschutzes OVG NW, Beschl. v. 6. 7. 1979 – XV B 855/79 – StT 79, 767
[93]) Bestellung von Beauftragten OVG Rheinland-Pfalz, Urt. v. 3. 10. 1981 – 10 C 4/81 – DÖV 82, 701; OVG Saarlouis, Urt. v. 28. 7. 1966 – IIR 15/66 – DÖV 67, 794

§ 112 Anfechtung von Aufsichtsmaßnahmen

Maßnahmen der Aufsichtsbehörde können unmittelbar mit der Klage im Verwaltungsstreitverfahren angefochten werden.[94])

VV zu § 112

Die Gemeindeordnung ist ein Gesetz im Sinne des § 68 Abs. 1 Satz 2 der Verwaltungsgerichtsordnung, das von der Durchführung eines Vorverfahrens entbindet. § 112 betrifft nur Maßnahmen nach den §§ 107 bis 111.

§ 113 Verbot von Eingriffen anderer Stellen

Andere Behörden und Stellen als die allgemeinen Aufsichtsbehörden sind zu Eingriffen in die Gemeindeverwaltung nach den §§ 107 ff. nicht befugt.

§ 114 Zwangsvollstreckung

(1) Zur Einleitung der Zwangsvollstreckung gegen die Gemeinde wegen einer Geldforderung bedarf der Gläubiger einer Zulassungsverfügung der Aufsichtsbehörde, es sei denn, daß es sich um die Verfolgung dinglicher Rechte handelt. In der Verfügung hat die Aufsichtsbehörde die Vermögensgegenstände zu bestimmen, in welche die Zwangsvollstreckung zugelassen wird, und über den Zeitpunkt zu befinden, in dem sie stattfinden soll. Die Zwangsvollstreckung wird nach den Vorschriften der Zivilprozeßordnung durchgeführt.

(2) Ein Konkursverfahren über das Vermögen der Gemeinde findet nicht statt.

(3) Die Bestimmung des § 109 bleibt unberührt.

---

[94]) Klage gegen aufsichtsbehördliche Weisungen OVG NW, Urt. v. 27. 10. 1969 — III A 301/66 — OVGE 25, 126; gegen fachaufsichtsbehördliche Weisungen BVerwG, Beschl. v. 27. 2. 1978 — 7 B 36.77 — DVBl 78, 638; bei verweigerten Genehmigungen OVG NW, Urt. v. 8. 1. 1964 — III A 1151/61 — OVGE 19, 192

VV zu § 114

1   § 114 gilt nur in Fällen der Zwangsvollstreckung wegen einer
     Geldforderung, nicht auch in Fällen der Zwangsvollstreckung
     zur Herausgabe von Sachen und zur Erwirkung von Handlun-
     gen oder Unterlassungen. Auch bei Zwangsvollstreckungen
     wegen Geldforderungen bestehen zwei Einschränkungen:

   a) Soweit es sich um die Verfolgung dinglicher Rechte han-
      delt, finden ausschließlich und ohne jede Einschränkung
      die Vorschriften der Zivilprozeßordnung Anwendung.

   b) Soweit es sich um Geldforderungen handelt, die im Verwal-
      tungszwangsverfahren beizutreiben sind, gilt § 114 gleich-
      falls nicht; die Vollstreckung ist aber in § 78 des Verwal-
      tungsvollstreckungsgesetzes für das Land Nordrhein-West-
      falen – VwVG NW – im wesentlichen in gleicher Weise
      geregelt.

2   Voraussetzung einer Zwangsvollstreckung ist ihre Zulassung
     durch die Aufsichtsbehörde. Die Zulassungsverfügung ist an
     sich keine Maßnahme der Zwangsvollstreckung. Sie eröffnet
     nur hinsichtlich der Gegenstände, in die vollstreckt werden
     darf, und hinsichtlich des Zeitpunktes, zu dem die Vollstrek-
     kung zulässig ist, den Weg der Zwangsvollstreckung. Einwen-
     dungen gegen den dem Vollstreckungstitel zugrunde liegen-
     den Anspruch sind nach den Vorschriften der ZPO geltend zu
     machen; sie haben auf die Entscheidung der Aufsichtsbehörde
     über die Zulassung der Zwangsvollstreckung keinen Einfluß.
     Die Zwangsvollstreckung selbst vollzieht sich alsdann inner-
     halb des durch die Zulassungsverfügung bestimmten Rahmens
     ausschließlich nach den Vorschriften der ZPO.

     Es ist Sache des Gläubigers, die Zulassungsverfügung bei der
     Aufsichtsbehörde zu beantragen; dabei hat er gleichzeitig die
     Vermögensgegenstände zu bezeichnen, in die er vollstrecken
     will.

     Hierdurch wird der RdErl. v. 4. 10. 1979 (MBl. NW. S. 1938/
     SMBl. NW. 2020) aufgehoben.

VIII. TEIL: Übergangs- und Schlußvorschriften

§ 115 *(gegenstandslos)*

§ 116 Auftragsangelegenheiten

Bis zum Erlaß neuer Vorschriften sind die den Gemeinden zur Erfüllung nach Weisung übertragenen staatlichen Angelegenheiten (Auftragsangelegenheiten) nach den bisherigen Vorschriften durchzuführen.

§ 117 *(gegenstandslos)*

§ 118 *(gegenstandslos)*

§ 119 Ausführung des Gesetzes

(1) Rechtsverordnungen, die der Innenminister zur Durchführung dieses Gesetzes erläßt, bedürfen der Zustimmung des zuständigen Ausschusses des Landtags.

(2) Der Innenminister wird ermächtigt, im Einvernehmen mit dem Finanzminister zur Durchführung dieses Gesetzes durch Rechtsverordnung[95]) zu regeln:

1. **Inhalt und Gestaltung des Haushaltsplans, des Finanzplans und des Investitionsprogramms sowie die Haushaltsführung und die Haushaltsüberwachung; dabei kann er bestimmen, daß Einnahmen und Ausgaben, für die ein Dritter Kostenträger ist oder die von einer zentralen Stelle ausgezahlt werden, nicht im Haushalt der Gemeinde abgewickelt werden,**

2. **die Veranschlagung von Einnahmen, Ausgaben und Verpflichtungsermächtigungen für einen vom Haushaltsjahr abweichenden Wirtschaftszeitraum,**

3. **die Bildung, vorübergehende Inanspruchnahme und Verwendung von Rücklagen sowie deren Mindesthöhe,**

---

[95]) Gemeindehaushaltsverordnung (GemHVO) v. 6. 12. 1972 (siehe Anhang 5)

4. die Erfassung, den Nachweis, die Bewertung und die Fortschreibung der Vermögensgegenstände und der Schulden; dabei kann er bestimmen, daß die Vermögensrechnung auf Einrichtungen beschränkt werden darf, die in der Regel und überwiegend aus Entgelten finanziert werden,

5. die Geldanlagen und ihre Sicherung,

6. die Ausschreibung von Lieferungen und Leistungen sowie die Vergabe von Aufträgen,

7. die Stundung, die Niederschlagung und den Erlaß von Ansprüchen sowie die Behandlung von Kleinbeträgen,

8. Inhalt und Gestaltung der Jahresrechnung sowie die Abdeckung von Fehlbeträgen,

9. die Aufgaben und die Organisation der Gemeindekasse und der Sonderkassen, deren Beaufsichtigung und Prüfung sowie die Abwicklung des Zahlungsverkehrs und die Buchführung; dabei kann auch die Einrichtung von Gebühren- und Portokassen bei einzelnen Dienststellen der Gemeinde geregelt werden,

10. Aufbau und Verwaltung, Wirtschaftsführung, Rechnungswesen und Prüfung der Eigenbetriebe, deren Freistellung von diesen Vorschriften, sowie das Wahlverfahren zur Aufstellung des Vorschlages der Versammlung der Beschäftigten für die Wahl von Beschäftigten als Mitglieder des Werksausschusses und ihrer Stellvertreter, ferner das Verfahren zur Bestimmung der Nachfolger im Falle des Ausscheidens dieser Mitglieder oder Stellvertreter vor Ablauf der Wahlzeit des Rates,

11. die Aufgaben und die Organisation der überörtlichen Prüfung.

(3) Der Innenminister erläßt die erforderlichen Verwaltungsvorschriften. Die Gemeinde ist verpflichtet, Muster zu verwenden, die der Innenminister aus Gründen der Vergleichbarkeit der Haushalte für verbindlich erklärt hat, insbesondere für

1. die Haushaltssatzung und ihre Bekanntmachung,

2. die Gliederung und Gruppierung des Haushaltsplans und des Finanzplans,

3. die Form des Haushaltsplans und seiner Anlagen, des Finanzplans und des Investitionsprogramms,

4. die Gliederung, Gruppierung und Form der Vermögensnach-
   weise,

5. die Zahlungsanordnungen, die Buchführung sowie die Jahresrechnung und ihre Anlagen.

§ 120   Inkrafttreten

Das Gesetz tritt am 10. November 1952 in Kraft*).

---

*) Die Vorschrift betrifft das Inkrafttreten des Gesetzes in der Fassung vom 28. Oktober
1952. Die vorstehende Neufassung gilt ab 1. Oktober 1984. Die von 1952 bis zu diesem
Zeitpunkt eingetretenen Änderungen ergeben sich aus den Bekanntmachungen vom 11.
August 1969 (GV. NW. S. 656), 19. Dezember 1974 (GV. NW. 1975 S. 91) und 1. Oktober
1979 (GV. NW. S. 594) sowie der dieser Neufassung vorangestellten Bekanntmachung *(s.
Fußnote auf Seite 1)*.

Kreisordnung für das Land Nordrhein-Westfalen

in der Fassung der Bekanntmachung vom 13. August 1984 (GV. NW. S. 497), zuletzt geändert durch Gesetz vom 7. März 1990 (GV. NW. S. 141) − SGV. NW. 2021 − Auszug

mit

Verwaltungsvorschriften zur Kreisordnung

RdErl. d. Innenministers vom 4. September 1984 (MBl. NW. S. 1167), geändert durch RdErl. vom 6. Dezember 1985 (MBl. NW. S. 1811) − SMBl. NW. 2021 − Auszug

§ 45   Kreisumlage

(1)   Soweit die sonstigen Einnahmen eines Kreises den Finanzbedarf nicht decken, ist eine Umlage nach den hierfür geltenden Vorschriften von den kreisangehörigen Gemeinden zu erheben (Kreisumlage).[1]

(2)   Die Kreisumlage ist für jedes Haushaltsjahr neu festzusetzen; die Festsetzung der Umlagesätze bedarf der Genehmigung der Aufsichtsbehörde.

(3)   Handelt es sich um Einrichtungen des Kreises, die ausschließlich, in besonders großem oder in besonders geringem Maße einzelnen Teilen des Kreises zustatten kommen, so soll der Kreistag eine ausschließliche Belastung oder eine nach dem Umfang näher zu bestimmende Mehr- oder Minderbelastung dieser Kreisteile beschließen. Absatz 2 gilt entsprechend.

(4)   Nimmt der Kreis die Aufgaben der Jugendhilfe wahr, so hat er bei der Kreisumlage für kreisangehörige Gemeinden ohne eigenes Jugendamt eine einheitliche ausschließliche Belastung in Höhe der ihm durch die Aufgabe des Jugendamtes verursachten Kosten festzusetzen; dies gilt auch für die Kosten, die dem Kreis durch Einrichtungen der Jugendhilfe für diese Gemeinden entstehen. Zu den Kosten gehören nicht die anteiligen allgemeinen Verwaltungskosten und sonstigen Gemeinkosten, Ausgaben für Zinsen, kalkulatorische Kosten sowie die Ausgaben des Vermögenshaushalts.[2]

---

[1] Zur Kreisumlage OVG NW, Urt. v. 27. 3. 1979 − XV A 340/78, OVGE 34, 87; VG Köln Urt. v. 17. 1. 1986, Mitt NWStGB 1986, 134
[2] Zur differenzierten Kreisumlage VerfGH NW, Urt. v. 4. 3. 1983 − 22/81 − NVwZ 83, 468

(5) Der Kreis kann den infolge der Mitgliedschaft in einem Verkehrsverbund oder in einer Verkehrsgemeinschaft von ihm aufzubringenden Umlagebetrag in entsprechender Anwendung des Absatzes 3 auf die kreisangehörigen Gemeinden umlegen.

§ 47 Träger der staatlichen Verwaltung

(1) Die Aufgaben der unteren staatlichen Verwaltungsbehörde werden vom Oberkreisdirektor und vom Kreisausschuß wahrgenommen.

(2) Aufgaben der unteren staatlichen Verwaltungsbehörde können durch Rechtsverordnung der Landesregierung den Hauptverwaltungsbeamten von kreisangehörigen Gemeinden zugewiesen werden.

VV zu § 47

1 Die Aufgaben der unteren staatlichen Verwaltungsbehörde gehören nicht zu den Aufgaben des Kreises. Der Kreistag kann sich deshalb mit diesen Angelegenheiten nicht befassen.

2 Als untere staatliche Verwaltungsbehörde führt der Oberkreisdirektor den Schriftwechsel unter der Bezeichnung „Der Oberkreisdirektor als untere staatliche Verwaltungsbehörde". Als Dienstsiegel führt er nach § 4 Abs. 2 der Verordnung über die Führung des Landeswappens vom 16. Mai 1956 (GS. NW. S. 140), zuletzt geändert durch Verordnung vom 17. Februar 1984 (GV. NW. S. 197), − SGV. NW. 113 − das kleine Landessiegel. Soweit der Oberkreisdirektor als untere staatliche Verwaltungsbehörde nach dem Polizeigesetz als Kreispolizeibehörde tätig wird, lautet die Bezeichnung: „Der Oberkreisdirektor als Kreispolizeibehörde". Als Dienstsiegel führt er das kleine Landessiegel in verkleinerter Form auf einem zwölfzackigen Stern nach § 4 Abs. 1 der Verordnung über die Führung des Landeswappens.

§ 48 Der Oberkreisdirektor als untere staatliche Verwaltungsbehörde

(1) Der Oberkreisdirektor führt die allgemeine Aufsicht und die Sonderaufsicht über die kreisangehörigen Gemeinden sowie die Aufsicht über Körperschaften, Anstalten und Stiftungen, soweit Gesetze nichts anderes bestimmen. Der Oberkreisdirektor bedarf der Zustimmung des Kreisausschusses bei Entscheidungen über

a) die Genehmigung von Gebietsänderungsverträgen oder die Bestimmungen der Einzelheiten der Gebietsänderung, sofern ein Gebietsänderungsvertrag nicht zustande kommt (§ 15 GO),

b) die Versagung der Genehmigung zur Verfügung über Vermögen (§ 77 Abs. 3 GO),

c) die Genehmigung zur Umwandlung von Gemeindegliedervermögen in freies Gemeindevermögen (§ 86 Abs. 2 GO),

d) die Genehmigung zur Umwandlung eines Stiftungszwecks und zur Zusammenlegung und Aufhebung von unselbständigen örtlichen Stiftungen (§ 87 Abs. 3 GO),

e) die Erteilung einer Zulassungsverfügung zur Einleitung der Zwangsvollstreckung gegen Gemeinden wegen einer Geldforderung (§ 114 GO)

und nach Maßgabe der §§ 10 Abs. 1, 20 Abs. 4 und 24 Abs. 2 des Gesetzes über kommunale Gemeinschaftsarbeit. Wird die Zustimmung versagt, so entscheidet die Aufsichtsbehörde, falls die Angelegenheit nicht auf sich beruhen kann. Die Mitwirkung des Kreisauschusses bei der Aufsicht über sonstige Körperschaften, Anstalten und Stiftungen ist besonders zu regeln.

(2) Ist an einer nach Abs. 1 zu treffenden Entscheidung der Kreis beteiligt, so entscheidet die Aufsichtsbehörde. Diese entscheidet auch darüber, ob ein solcher Fall vorliegt.

(3) Der Oberkreisdirektor nimmt die durch gesetzliche Vorschriften der unteren staatlichen Verwaltungsbehörde übertragenen Aufgaben wahr, soweit diese nicht anderen Stellen zugewiesen sind oder nach Gesetz oder Rechtsverordnung einer kollegialen Entscheidung bedürfen.

(4) Der Oberkreisdirektor hat darauf hinzuwirken, daß die im Kreis tätigen Landesbehörden in einer dem Gemeinwohl dienlichen Weise zusammenarbeiten.

Verordnung über die öffentliche Bekanntmachung von kommunalem Ortsrecht (Bekanntmachungsverordnung — BekanntmVO)

Vom 7. April 1981 (GV. NW. S. 224/SGV. NW. 2023)

Auf Grund des § 4 Abs. 5 und des § 119 Abs. 1 der Gemeindeordnung für das Land Nordrhein-Westfalen in der Fassung der Bekanntmachung vom 1. Oktober 1979 (GV. NW. S. 594) sowie des § 3 Abs. 5 und des § 56 der Kreisordnung für das Land Nordrhein-Westfalen in der Fassung der Bekanntmachung vom 1. Oktober 1979 (GV. NW. S. 612) wird mit Zustimmung des Ausschusses für Kommunalpolitik des Landtags verordnet:

§ 1 Geltungsbereich

(1) Das Verfahren und die Form bei der öffentlichen Bekanntmachung von Satzungen der Gemeinden, Kreise und Zweckverbände richten sich nach den Vorschriften dieser Verordnung, soweit nicht Bundes- oder Landesrecht hierüber besondere Regelungen enthält.

(2) Die Vorschriften dieser Verordnung über Satzungen gelten auch für sonstige ortsrechtliche Bestimmungen.

§ 2 Verfahren vor der Bekanntmachung

(1) Der Gemeindedirektor prüft, ob die vom Rat beschlossene Satzung ordnungsgemäß zustande gekommen ist. Er holt gesetzlich vorgeschriebene Genehmigungen ein und sorgt dafür, daß sonstige vor der öffentlichen Bekanntmachung zu beachtende Vorschriften eingehalten werden. Er führt einen erneuten Beschluß des Rates herbei (Beitrittsbeschluß), sofern Maßgaben in aufsichtsbehördlichen Genehmigungen das erforderlich machen.

(2) In die Präambel der zur öffentlichen Bekanntmachung vorbereiteten Satzung ist das Datum des Ratsbeschlusses einzusetzen. War ein Beitrittsbeschluß nach Absatz 1 Satz 3 erforderlich, ist auch das Datum dieses Beschlusses anzugeben; die Satzung erhält sodann

die auf Grund der Maßgaben und des Beitrittsbeschlusses geänderte Fassung. Auch aufsichtsbehördliche Maßgaben, die keines Beitrittsbeschlusses bedürfen, sind, soweit erforderlich, in die Satzung zu übernehmen.

(3) Der Gemeindedirektor bestätigt schriftlich, daß der Wortlaut der Satzung mit den Ratsbeschlüssen übereinstimmt und daß nach Absatz 1 und 2 verfahren worden ist. Er leitet dem Bürgermeister mit dieser Bestätigung und mit der Satzung eine vorbereitete Bekanntmachungsanordnung zur Unterzeichnung zu.

(4) Die Bekanntmachungsanordnung muß enthalten

1. die Erklärung, daß die Satzung hiermit öffentlich bekanntgemacht wird;

2. die Bezeichnung der genehmigenden Behörden und das Datum der Genehmigungen, falls solche vorgeschrieben sind; ist eine Genehmigung befristet erteilt worden, muß auch die Befristung angegeben werden, sofern sich diese nicht aus dem Gesetz ergibt; auf die Erteilung einer für die Gültigkeit der Genehmigung erforderlichen Zustimmung einer anderen Behörde ist hinzuweisen;

3. den Hinweis nach § 4 Abs. 6 der Gemeindeordnung oder § 3 Abs. 6 der Kreisordnung;

4. Ort und Datum der Unterzeichnung durch den Ratsvorsitzenden;

5. die Amtsbezeichnung des Ratsvorsitzenden; unterzeichnet sein Stellvertreter, so ist das Vertretungsverhältnis kenntlich zu machen.

(5) Die Satzung erhält in der Überschrift das Datum, unter dem die Bekanntmachungsanordnung vom Bürgermeister unterzeichnet worden ist.

§ 3 Inhalt der Bekanntmachung

(1) Der Gemeindedirektor veranlaßt, daß Satzung und Bekanntmachungsanordnung in vollem Wortlaut und in der nach § 4 vorgeschriebenen Form öffentlich bekanntgemacht werden.

(2) Sind Karten, Pläne oder Zeichnungen Bestandteile einer Satzung, so können diese Teile anstatt einer öffentlichen Bekanntmachung nach § 4 an einer bestimmten Stelle der Gemeindeverwaltung zu jedermanns Einsicht während der Dienststunden ausgelegt werden, sofern der Inhalt der Karten, Pläne oder Zeichnungen zugleich in der Satzung grob umschrieben wird. In der Bekanntmachungsanordnung für solche Satzungen müssen Ort und Zeit der Auslegung genau bezeichnet sein. Wenn auf Grund von sondergesetzlichen Vorschriften eine öffentliche Bekanntmachung im Wortlaut und damit auch eine Bekanntmachungsanordnung entfällt, unterzeichnet der Bürgermeister eine Bekanntmachung, aus der Ort und Zeit der Auslegung zu ersehen sein müssen; diese Bekanntmachung, auf die die Vorschriften des § 2 entsprechend anzuwenden sind, ist nach § 4 Abs. 1, 2 und 4 und § 6 Abs. 1 und 3 zu vollziehen.

§ 4 Formen der Bekanntmachung

(1) Öffentliche Bekanntmachungen der Gemeinden, die durch Rechtsvorschrift vorgeschrieben sind, werden vollzogen

a) im Amtsblatt der Gemeinde, an dessen Stelle für Bekanntmachungen kreisangehöriger Gemeinden das Amtsblatt des Kreises gewählt werden kann, oder

b) in einer oder mehreren in der Hauptsatzung hierfür allgemein bestimmten Tageszeitungen.

Dies gilt auch, wenn durch Rechtsvorschriften ortsübliche Bekanntmachung vorgeschrieben ist.

(2) Die für die Gemeinde geltende Form der öffentlichen Bekanntmachung ist durch die Hauptsatzung festzulegen. Amtsblätter und Tageszeitungen sind namentlich zu bezeichnen.

(3) In Gemeinden mit nicht mehr als 25 000 Einwohnern kann die Hauptsatzung bestimmen, daß Zeit und Ort der Ratssitzungen sowie die Tagesordnung nicht nach den in Absatz 1 genannten Formen, sondern allgemein durch Aushang (Anschlag) an der Bekanntmachungstafel der Gemeinde und, soweit erforderlich, an den sonstigen hierfür in der Hauptsatzung bestimmten Stellen öffentlich bekanntgemacht werden. Bei der Bestimmung der Dauer des Aus-

hangs sind die in der Geschäftsordnung niedergelegten Ladungsfristen zu beachten. Auf den einzelnen Bekanntmachungen sind der Zeitpunkt des Aushangs und der Zeitpunkt der Abnahme zu bescheinigen.

(4) Sind öffentliche Bekanntmachungen in der durch die Hauptsatzung festgelegten Form infolge höherer Gewalt oder sonstiger unabwendbarer Ereignisse nicht möglich, so genügt jede andere geeignete, durch die Hauptsatzung festzulegende Form der Bekanntmachung, um die Öffentlichkeit zu unterrichten, insbesondere durch Aushang (Anschlag), Flugblätter oder ein eigens aus diesem Anlaß herausgegebenes Amtsblatt.

§ 5 Amtsblatt

(1) Herausgeber des Amtsblatts ist der Gemeindedirektor. Enthält das Amtsblatt neben öffentlichen Bekanntmachungen und sonstigen amtlichen Mitteilungen (amtlicher Teil) einen örtlichen Nachrichten- und Veranstaltungsteil (nichtamtlicher Teil), so kann für diesen auch ein anderer Herausgeber verantwortlich sein.

(2) Das Amtsblatt muß

1. im Titel oder im Untertitel die Bezeichnung „Amtsblatt" führen und den Geltungsbereich bezeichnen,

2. den Ausgabetag angeben und jahrgangsweise fortlaufend numeriert sein,

3. die Bezugsmöglichkeiten und Bezugsbedingungen angeben,

4. einzeln zu beziehen sein.

§ 6 Vollzug der Bekanntmachung

(1) Die öffentliche Bekanntmachung ist mit Ablauf des Erscheinungstages des Amtsblattes oder der Tageszeitung vollzogen. Sind mehrere Tageszeitungen bestimmt, ist die öffentliche Bekanntmachung mit Ablauf des Tages vollzogen, an dem die letzte Tageszeitung mit der Bekanntmachung erscheint.

(2) In den Fällen des § 4 Abs. 3 ist öffentliche Bekanntmachung mit

Ablauf des ersten Tages des Aushangs an den dafür bestimmten Bekanntmachungstafeln vollzogen. Die Bekanntmachung darf jedoch frühestens am Tage nach der Ratssitzung abgenommen werden.

(3) In den Fällen des § 4 Abs. 4 ist die öffentliche Bekanntmachung mit Ablauf des Tages vollzogen, an dem die Öffentlichkeit davon Kenntnis nehmen konnte. Sofern die Bekanntmachung nicht durch Zeitablauf gegenstandslos geworden ist, ist sie nachrichtlich in der durch die Hauptsatzung allgemein vorgeschriebenen Form unverzüglich nachzuholen.

(4) Sind Satzungen öffentlich bekanntgemacht worden, so sind Belegstücke der nach § 4 bestimmten Druckwerke zusammen mit der Bestätigung des Gemeindedirektors nach § 2 Abs. 3, der unterzeichneten Bekanntmachungsanordnung und der Satzung zu verwahren. In den Fällen des § 4 Abs. 1 Buchstabe b genügt als Belegstück der Teil der Tageszeitung, in dem die Satzung wiedergegeben ist, sofern Name, Nummer und Erscheinungsdatum der Zeitung aus ihm hervorgehen.

(5) Karten, Pläne oder Zeichnungen, die nach § 3 Abs. 2 ausgelegt worden sind, sind so aufzubewahren, daß sie nicht zugleich als laufende Arbeitsunterlage dienen und dadurch unscharf oder durch nachträgliche Eintragungen geändert werden können.

§ 7 Geltung für Kreise

Die Vorschriften der §§ 2 bis 6 dieser Verordnung gelten mit Ausnahme des § 4 Abs. 3 für die Kreise entsprechend.

§ 8 Geltung für Zweckverbände

Die Vorschriften der §§ 2 bis 6 dieser Verordnung finden mit Ausnahme des § 4 Abs. 3 nach § 8 des Gesetzes über kommunale Gemeinschaftsarbeit auf die Zweckverbände sinngemäß Anwendung.

§ 9 Inkrafttreten

Diese Verordnung tritt am Tage nach der Verkündung in Kraft. Gleichzeitig tritt die Verordnung über die öffentliche Bekanntmachung von kommunalem Ortsrecht vom 12. September 1969 (GV. NW. S. 684) außer Kraft. Bis zum Inkrafttreten der nach den §§ 4 und 5 dieser Verordnung gegebenenfalls erforderlichen Änderungen der Hauptsatzung, längstens jedoch bis zum 31. Dezember 1981, sind öffentliche Bekanntmachungen in der bisher vorgeschriebenen Form durchzuführen. Die geänderte Hauptsatzung ist zusätzlich in der von ihr vorgeschriebenen neuen Form öffentlich bekanntzumachen.

Verordnung über die Genehmigungsfreiheit von Rechtsgeschäften der Gemeinden

Vom 23. April 1974 (GV. NW. S. 122), geändert durch VO vom 28. Dezember 1979 (GV. NW. 1980 S. 84) – SGV. NW. 2023

Auf Grund des § 77 Abs. 4 und des § 105 in Verbindung mit § 119 Abs. 1 und 2 Nr. 1 der Gemeindeordnung für das Land Nordrhein-Westfalen in der Fassung der Bekanntmachung vom 11. August 1969 (GV. NW. S. 656), zuletzt geändert durch Gesetz vom 18. Dezember 1973 (GV. NW. S. 562), wird im Einvernehmen mit dem Finanzminister und mit Zustimmung des Kommunalpolitischen Ausschusses des Landtages verordnet:

§ 1 (1)   Der Verkauf oder Tausch von Grundstücken oder grundstücksgleichen Rechten ist genehmigungsfrei, wenn der Wert der zu veräußernden Gegenstände

in Gemeinden bis zu	10 000 Einwohnern	75 000 DM
in Gemeinden mit mehr als	10 000 Einwohnern	150 000 DM
in Gemeinden mit mehr als	25 000 Einwohnern	250 000 DM
in Gemeinden mit mehr als	60 000 Einwohnern	400 000 DM
in Gemeinden mit mehr als	150 000 Einwohnern	750 000 DM
in Gemeinden mit mehr als	300 000 Einwohnern	1 000 000 DM

nicht überschreitet. Als Wert ist der Verkehrswert zugrunde zu legen.

(2)   Der Verkauf oder Tausch von Grundstücken oder grundstücksgleichen Rechten zur Durchführung des mit Mitteln aus öffentlichen Haushalten des Bundes und des Landes geförderten sozialen Wohnungsbaues oder zur Vermeidung von Verfahren nach dem IV. oder V. Teil des Bundesbaugesetzes vom 23. Juni 1960 (BGBl. I S. 341), zuletzt geändert durch Gesetz vom 7. Juni 1972 (BGBl. I S. 873), ist ohne Rücksicht auf die Höhe des Wertes gemehmigungsfrei.

(3)   Dem Antrag auf Eintragung in das Grundbuch ist eine Erklärung der Gemeinde beizufügen, daß der Abschluß des Rechtsgeschäftes nach diesen Vorschriften genehmigungsfrei ist. In der Erklärung ist auf die in Betracht kommende Vorschrift ausdrücklich Bezug zu nehmen.

(4)   Maßgebende Einwohnerzahl nach Absatz 1 und 2 ist jeweils vom 1. Januar eines jeden Jahres an die vom Landesamt für Datenverarbeitung und Statistik auf den 30. Juni des vorausgehenden Jahres fortgeschriebene und veröffentlichte Einwohnerzahl.

§ 2   Die Übernahme der persönlichen Schuld aus Hypotheken beim Erwerb von Grundstücken und grundstücksgleichen Rechten ist genehmigungsfrei, wenn die Schuld die Wertgrenzen nach § 1 Abs. 1 nicht überschreitet. Die Schuldübernahme ist der Aufsichtsbehörde vorher anzuzeigen.

§ 3   Die §§ 1 und 2 finden keine Anwendung auf Rechtsgeschäfte einer Gemeinde, die

a) mit Mitgliedern des Rates, der Bezirksvertretungen und der Ausschüsse oder mit Bediensteten der Gemeinde oder

b) mit solchen Personen abgeschlossen werden, die in einem Dienst- oder Treueverhältnis zu einer Einrichtung oder einem Unternehmen stehen, an denen die Gemeinde mit mehr als 50 v. H. beteiligt ist.

§ 4   Diese Verordnung gilt für die Gemeindeverbände entsprechend.

§ 5   Diese Verordnung tritt am Tage nach ihrer Verkündung in Kraft.

Verordnung über die Entschädigung der Mitglieder kommunaler Vertretungen und Ausschüsse (Entschädigungsverordnung — EntschVO)

Vom 6. Dezember 1985 (GV. NW. S. 736/SGV. NW. 2023)

Auf Grund des § 13 a Abs. 4 Satz 2 und 5, des § 13 d Abs. 7 Satz 6, des § 30 Abs. 5 Satz 4 und des § 119 Abs. 1 der Gemeindeordnung für das Land Nordrhein-Westfalen in der Fassung der Bekanntmachung vom 13. August 1984 (GV. NW. S. 475), des § 22 Abs. 5 Satz 4 und des § 56 der Kreisordnung für das Land Nordrhein-Westfalen in der Fassung der Bekanntmachung vom 13. August 1984 (GV. NW. S. 497), des § 16 Abs. 2 Satz 4 und des § 35 der Landschaftsverbandsordnung für das Land Nordrhein-Westfalen in der Fassung der Bekanntmachung vom 27. August 1984 (GV. NW. S. 544) und des § 20 Abs. 2 Satz 4 des Gesetzes über den Kommunalverband Ruhrgebiet in der Fassung der Bekanntmachung vom 27. August 1984 (GV. NW. S. 538) wird mit Zustimmung des Ausschusses für Kommunalpolitik des Landtags verordnet:

§ 1 Mitglieder kommunaler Vertretungen

(1) Aufwandsentschädigungen für Mitglieder kommunaler Vertretungen können gezahlt werden

a) ausschließlich als monatliche Pauschale

oder

b) gleichzeitig als monatliche Pauschale und Sitzungsgeld.

Mitglieder der Landschaftsversammlungen und Mitglieder der Verbandsversammlung des Kommunalverbandes Ruhrgebiet können auch ausschließlich Sitzungsgeld erhalten.

(2) Aufwandsentschädigungen dürfen folgende Höchstsätze nicht überschreiten:

Anhang 4 · EntschVO

1. bei Ratsmitgliedern:

   a) ausschließlich als monatliche Pauschale in Gemeinden

	bis	20 000 Einwohner	280,– DM,
von 20 001 bis	50 000 Einwohner		382,– DM,
von 50 001 bis	150 000 Einwohner		509,– DM,
von 150 001 bis	450 000 Einwohner		635,– DM,
über	450 000 Einwohner		761,– DM;

   b) gleichzeitig als monatliche Pauschale und Sitzungsgeld

in Gemeinden		monat- liche Pauschale	Sitzungs- geld
bis	20 000 Einwohner	150,– DM	26,– DM,
20 001 bis	50 000 Einwohner	252,– DM	26,– DM,
50 001 bis	150 000 Einwohner	379,– DM	26,– DM,
150 001 bis	450 000 Einwohner	505,– DM	26,– DM,
über	450 000 Einwohner	631,– DM	26,– DM;

2. bei Kreistagsmitgliedern:

   a) ausschließlich als monatliche Pauschale in Kreisen

bis	250 000 Einwohner	457,– DM,
über	250 000 Einwohner	583,– DM;

   b) gleichzeitig als monatliche Pauschale und Sitzungsgeld

in Kreisen		monat- liche Pauschale	Sitzungs- geld
bis	250 000 Einwohner	379,– DM	26,– DM,
über	250 000 Einwohner	505,– DM	26,– DM,

3. bei Mitgliedern der Bezirksvertretungen in kreisfreien Städten ausschließlich als monatliche Pauschale   250,– DM;

4. bei Mitgliedern der Landschaftsversammlungen und der Verbandsversammlung des Kommunalverbandes Ruhrgebiet

   a) ausschließlich als monatliche Pauschale   256,– DM,

   b) gleichzeitig als monatliche Pauschale und Sitzungsgeld
       monatliche Pauschale 126,– DM,
       Sitzungsgeld 65,– DM,

   c) ausschließlich als Sitzungsgeld   130,– DM

§ 2 Sachkundige Bürger und sachkundige Einwohner

Sitzungsgelder dürfen folgende Höchstsätze nicht überschreiten:

1. bei sachkundigen Bürgern im Sinne des § 42 Abs. 1 und 3 der Gemeindeordnung und sachkundigen Einwohnern im Sinne des § 42 Abs. 4 der Gemeindeordnung in Gemeinden

	bis	20 000 Einwohner	26,– DM,
von 20 001	bis	50 000 Einwohner	33,– DM,
von 50 001	bis	150 000 Einwohner	39,– DM,
von 150 001	bis	450 000 Einwohner	46,– DM,
	über	450 000 Einwohner	53,– DM;

2. bei sachkundigen Bürgern im Sinne des § 32 Abs. 3 und 5 der Kreisordnung und sachkundigen Einwohnern im Sinne des § 32 Abs. 6 der Kreisordnung in Kreisen

	bis	250 000 Einwohner	46,– DM,
	über	250 000 Einwohner	53,– DM;

3. bei sachkundigen Bürgern im Sinne des § 12 Abs. 3 und des § 13 Abs. 3 der Landschaftsverbandsordnung sowie des § 16 Abs. 3 und des § 17 Abs. 2 und 3 des Gesetzes über den Kommunalverband Ruhrgebiet   78,– DM.

§ 3 Bezirksvorsteher, Stellvertreter des Bezirksvorstehers, Fraktionsvorsitzende in Bezirksvertretungen, Ortsvorsteher

(1) Die zusätzliche Aufwandsentschädigung darf folgende Höchstsätze nicht überschreiten:

a) bei Bezirksvorstehern   monatlich 500 DM,

b) bei ersten und zweiten Stellvertretern des Bezirksvorstehers
monatlich 250 DM,

c) bei weiteren Stellvertretern des Bezirksvorstehers
monatlich 125 DM,

d) bei Fraktionsvorsitzenden in Bezirksvertretungen
monatlich 250 DM.

(2) Die Aufwandsentschädigung darf bei Ortsvorstehern in kreisangehörigen Gemeinden den Höchstsatz von monatlich 250 DM nicht überschreiten. Der Anspruch des zum Ehrenbeamten ernannten

Ortsvorstehers auf Ersatz seiner Auslagen, die durch die Erledigung der ihm übertragenen Geschäfte der laufenden Verwaltung entstanden sind (§ 25 Abs. 1 Satz 1 der Gemeindeordnung), bleibt unberührt.

§ 4 Allgemeines

(1)   Für die Einwohnerzahlen in § 1 Abs. 2 Nr. 1 und 2 sowie in § 2 Nr. 1 und 2 sind die Einwohnerzahlen maßgebend, die nach § 87 der Kommunalwahlordnung der Wahl der Vertretung zugrunde gelegen haben.

(2)   Aufwandsentschädigungen nach den §§ 1 bis 3 können nebeneinander bezogen werden, wenn sie auf mehreren Ämtern beruhen.

(3)   Aufwandsentschädigungen in Form einer monatlichen Pauschale werden unabhängig von Beginn oder Ende der Tätigkeit jeweils für einen ganzen Kalendermonat gewährt.

(4)   Die für Sitzungsgelder festgesetzten Höchstsätze gelten für eine Sitzung. Wird eine Sitzungsdauer von insgesamt sechs Stunden überschritten, kann höchstens ein weiteres Sitzungsgeld gewährt werden. Bei mehreren Sitzungen an einem Tag dürfen nicht mehr als zwei Sitzungsgelder gewährt werden.

§ 5 Fahrkosten

(1)   Mitgliedern kommunaler Vertretungen und Ausschüssen sowie Ortsvorstehern werden die Fahrkosten, die ihnen durch Fahrten zum Sitzungsort und zurück entstehen, erstattet, höchstens jedoch in Höhe der Kosten der Fahrten von der Wohnung zum Sitzungsort und zurück. Bei mehreren Wohnungen ist von der Hauptwohnung auszugehen. Entsprechendes gilt für Fahrkosten aus Anlaß der Repräsentation der kommunalen Körperschaft, die dem Vorsitzenden oder – auf Veranlassung des Vorsitzenden oder der Vertretung – seinen Stellvertretern oder anderen Mitgliedern der Vertretung entstehen, soweit es sich nicht um Dienstreisen (§ 6) handelt.

(2)   Die Fahrkostenerstattung für die Benutzung regelmäßig verkehrender Beförderungsmittel kann durch Freifahrscheine abgegolten werden.

(3) Bei Benutzung eines Kraftfahrzeugs ist eine Entschädigung von 42 Pfennig je Kilometer zulässig.

(4) Mitgliedern der Landschaftsversammlungen und sachkundigen Bürgern im Sinne des § 12 Abs. 3 und des § 13 Abs. 3 der Landschaftsverbandsordnung sowie Mitgliedern der Verbandsversammlung des Kommunalverbandes Ruhrgebiet und sachkundigen Bürgern im Sinne des § 16 Abs. 3 und des § 17 Abs. 2 und 3 des Gesetzes über den Kommunalverband Ruhrgebiet kann außerdem ein Übernachtungsgeld gezahlt werden, wenn die An- und Abreise am Sitzungstag nicht möglich oder nicht zumutbar war. Dasselbe gilt, wenn Sitzungen oder sonstige Veranstaltungen sich über zwei oder mehrere Tage erstrecken. Das in der Satzung festzusetzende Übernachtungsgeld darf den nach dem Landesreisekostengesetz für die Reisekostenstufe C zulässigen Betrag nicht übersteigen.

§ 6 Reisekostenvergütung

(1) Für genehmigte Dienstreisen erhalten Mitglieder kommunaler Vertretungen und Ausschüsse sowie Ortsvorsteher Reisekostenvergütung nach Maßgabe des Landesreisekostengesetzes. Zugrunde zu legen ist die Reisekostenstufe des Hauptverwaltungsbeamten. Bei Benutzung eines Kraftfahrzeugs ist unabhängig von den Vorschriften des Landesreisekostengesetzes eine Entschädigung von 42 Pfennig je Kilometer zulässig.

(2) Neben Reisekostenvergütung dürfen keine Sitzungsgelder gewährt werden.

§ 7 Zusätzliche Unfallversicherung

Neben der gemäß § 539 Abs. 1 Nr. 13 RVO bestehenden gesetzlichen Unfallversicherung kann für Mitglieder kommunaler Vertretungen und Ausschüsse sowie für Ortsvorsteher zusätzlich eine angemessene private Unfallversicherung abgeschlossen werden.

§ 8 Inkrafttreten

Diese Verordnung tritt am 1. Januar 1986 in Kraft. Gleichzeitig tritt die Entschädigungsverordnung vom 13. März 1975 (GV. NW. S. 268), zuletzt geändert durch Verordnung vom 10. Dezember 1984 (GV. NW. S. 751), außer Kraft.

Verordnung über die Aufstellung und Ausführung des Haushaltsplans der Gemeinden (Gemeindehaushaltsverordnung — GemHVO)

Vom 6. Dezember 1972 (GV. NW. S. 418, ber. 1973 S. 24), geändert durch VO vom 5. November 1976 (GV. NW. S. 372) — SGV. NW. 630

Auf Grund des § 119 Abs. 1 und 2 der Gemeindeordnung für das Land Nordrhein-Westfalen in der Fassung der Bekanntmachung vom 11. August 1969 (GV. NW. S. 656), zuletzt geändert durch Gesetz vom 11. Juli 1972 (GV. NW. S. 218), wird im Einvernehmen mit dem Finanzminister und mit Zustimmung des Kommunalpolitischen Ausschusses des Landtages verordnet:

ERSTER ABSCHNITT: Haushaltsplan

§ 1 Inhalt des Haushaltsplans

(1) Der Vermögenshaushalt umfaßt

auf der Einnahmeseite

1. die Zuführung vom Verwaltungshaushalt,

2. Einnahmen aus der Veränderung des Anlagevermögens,

3. Entnahmen aus Rücklagen,

4. Zuweisungen und Zuschüsse für Investitionen und für die Förderung von Investitionen Dritter, Beiträge und ähnliche Entgelte,

5. Einnahmen aus Krediten und inneren Darlehen;

auf der Ausgabeseite

6. die Tilgung von Krediten, die Rückzahlung innerer Darlehen, die Kreditbeschaffungskosten sowie die Ablösung von Dauerlasten,

7. Ausgaben für die Veränderung des Anlagevermögens, Zuweisungen und Zuschüsse für Investitionen Dritter sowie Verpflichtungsermächtigungen,

8. Zuführungen zu Rücklagen und die Deckung von Fehlbeträgen aus Vorjahren,

9. die Zuführung zum Verwaltungshaushalt.

(2) Der Verwaltungshaushalt umfaßt die nicht unter Absatz 1 fallenden Einnahmen und Ausgaben.

Anhang 5 · GemHVO

§ 2 Bestandteile des Haushaltsplans, Anlagen

(1) Der Haushaltsplan besteht aus

1. dem Gesamtplan,

2. den Einzelplänen des Verwaltungshaushalts und des Vermögenshaushalts,

3. den Sammelnachweisen.

(2) Dem Haushaltsplan sind beizufügen

1. Der Vorbericht,

2. der Stellenplan,

3. eine Übersicht über die aus Verpflichtungsermächtigungen in den einzelnen Jahren voraussichtlich fällig werdenden Ausgaben; werden Ausgaben
in den Jahren fällig, auf die sich der Finanzplan noch nicht erstreckt, so ist
die voraussichtliche Deckung des Ausgabenbedarfs dieser Jahre besonders darzustellen,

4. eine Übersicht über den voraussichtlichen Stand der Schulden (ohne Kassenkredite) und der Rücklagen zu Beginn des Haushaltsjahres,

5. der Finanzplan mit dem ihm zugrunde liegenden Investitionsprogramm;
ergeben sich bei der Aufstellung des Haushaltsplans wesentliche Änderungen für die folgenden Jahre, so ist ein entsprechender Nachtrag beizufügen,

6. die Wirtschaftspläne und neuesten Jahresabschlüsse der Sondervermögen,
für die Sonderrechnungen geführt werden. Das gleiche gilt für die Unternehmen und Einrichtungen mit eigener Rechtspersönlichkeit, an denen die
Gemeinde mit mehr als 50 v. H. beteiligt ist; an die Stelle der Jahresabschlüsse und Wirtschaftspläne kann eine kurzgefaßte Übersicht üßber die
Wirtschaftslage und die voraussichtliche Entwicklung der Betriebe treten.

§ 3 Vorbericht

Der Vorbericht gibt einen Überblick über den Stand und die Entwicklung der
Haushaltswirtschaft. Insbesondere soll dargestellt werden,

1. wie sich die wichtigsten Einnahme- und Ausgabearten, das Vermögen und
die Schulden in den dem Haushaltsjahr vorangehenden beiden Haushaltsjahren entwickelt haben und im Haushaltsjahr entwickeln werden,

2. wie sich die Zuführungen vom Verwaltungshaushalt und die Rücklagen in
den dem Haushaltsjahr folgenden drei Jahren entwickeln werden und in
welchem Verhältnis sie zum Deckungsbedarf nach dem Finanzplan stehen,

3. welche Investitionen und Investitionsförderungsmaßnahmen im Haushalts-

jahr geplant sind und welche finanziellen Auswirkungen hieraus sich für die folgenden Jahre ergeben,

4. in welchen wesentlichen Punkten der Haushaltsplan vom Finanzplan abweicht,

5. wie sich die Kassenlage im Vorjahr entwickelt hat und in welchem Umfang Kassenkredite in Anspruch genommen worden sind.

§ 4 Gesamtplan

Der Gesamtplan enthält

1. eine Zusammenfassung der Einnahmen, Ausgaben und Verpflichtungsermächtigungen der Einzelpläne des Verwaltungshaushalts und des Vermögenshaushalts,

2. eine Übersicht über die Einnahmen, Ausgaben und Verpflichtungsermächtigungen, geordnet nach Aufgabenbereichen und Arten (Haushaltsquerschnitt),

3. eine Übersicht über die Einnahmen und Ausgaben, geordnet nach Arten (Gruppierungsübersicht),

4. eine Finanzierungsübersicht.

Die Angaben zu Nummer 2 bis 4 dürfen auf die Zahlen des Haushaltsjahres beschränkt werden.

§ 5 Einzelpläne

(1) Die Einzelpläne, ihre Abschnitte und Unterabschnitte sind nach Aufgabenbereichen zu gliedern. Für jeden Einzelplan, Abschnitt und Unterabschnitt ist ein Teilabschluß zu bilden.

(2) Innerhalb der Einzelpläne, Abschnitte und Unterabschnitte sind die Einnahmen und Ausgaben nach ihren Arten in Hauptgruppen, Gruppen und Untergruppen zu ordnen.

(3) Gliederung und Gruppierung richten sich nach dem vom Innenminister erlassenen Gliederungs- und Gruppierungsplan.

(4) Zu den Ansätzen für das Haushaltsjahr sind die Einnahme- und Ausgabeansätze für das Vorjahr und die Ergebnisse des diesem vorangehenden Jahres anzugeben, zu den einzelnen Investitionen und Investitionsförderungsmaßnahmen außerdem der gesamte Ausgabenbedarf (§ 10 Abs. 1 Satz 1) und die bisher bereitgestellten Ausgabenmittel.

§ 6 Stellenplan

(1) Der Stellenplan hat die im Haushaltsjahr erforderlichen Stellen der Beamten und der nicht nur vorübergehend beschäftigten Angestellten und Arbeiter auszuweisen. Stellen von Beamten in Einrichtungen von Sondervermögen, für die Sonderrechnungen geführt werden, sind gesondert aufzuführen.

(2) Im Stellenplan ist ferner für jede Besoldungs-, Vergütungs- und Lohngruppe die Gesamtzahl der Stellen für das Vorjahr sowie der am 30. 6. des Vorjahres besetzten Stellen anzugeben. Wesentliche Abweichungen vom Stellenplan des Vorjahres sind zu erläutern.

(3) Dem Stellenplan sind Übersichten beizufügen.

1. über die vorgesehene Aufteilung der Stellen des Stellenplans auf die Ämter nach der Ordnung des Gliederungsplans,

2. über die vorgesehene Zahl der Bematen zur Anstellung, der Nachwuchskräfte und der informatorisch beschäftigten Dienstkräfte.

(4) Wird der Stellenplan nachträglich geändert, so sind die Änderungen der Aufsichtsbehörde mitzuteilen.

ZWEITER ABSCHNITT: Grundsätze für die Veranschlagung

§ 7 Allgemeine Grundsätze

(1) Die Einnahmen und Ausgaben sind nur in Höhe der im Haushaltsjahr voraussichtlich eingehenden oder zu leistenden Beträge zu veranschlagen; sie sind sorgfältig zu schätzen, soweit sie nicht errechenbar sind.

(2) Die Einnahmen und Ausgaben sind in voller Höhe und getrennt voneinander zu veranschlagen, soweit in dieser Verordnung nichts anderes bestimmt ist.

(3) Die Einnahmen sind einzeln nach ihrem Entstehungsgrund, die Ausgaben nach Einzelzwecken zu veranschlagen. Die Zwecke müssen hinreichend bestimmt sein. Im Vermögenshaushalt sind die einzelnen Vorhaben getrennt zu veranschlagen. Geringfügige Beträge für verschiedene Zwecke dürfen als vermischte Einnahmen oder vermischte Ausgaben zusammengefaßt, Verfügungsmittel und Deckungsreserve ohne nähere Angabe des Verwendungszwecks veranschlagt werden.

(4) Für denselben Zweck sollen Ausgaben nicht an verschiedenen Stellen im Haushaltsplan veranschlagt werden. Wird ausnahmsweise anders verfahren, ist auf die Ansätze gegenseitig zu verweisen.

§ 8 Sammelnachweise

Im Verwaltungshaushalt können Einnahmen und Ausgaben, die jeweils zu derselben Gruppe gehören oder die sachlich eng zusammenhängen, in Sammelnachweisen veranschlagt werden; sie sind zusammengefaßt oder einzeln in die Einzelpläne, Abschnitte und Unterabschnitte zu übernehmen. Die Aufteilung auf die Einzelpläne, Abschnitte und Unterabschnitte nach wirklichkeitsnahen Maßstäben ist zulässig. § 14 Abs. 4 Satz 3 bleibt unberührt.

§ 9 Verpflichtungsermächtigungen

Die Verpflichtungsermächtigungen sind bei den einzelnen Haushaltsstellen zu veranschlagen. Dabei ist anzugeben, wie sich die Belastungen voraussichtlich auf die künftigen Jahre verteilen werden.

§ 10 Investitionen

(1) Bei Investitionen und Investitionsförderungsmaßnahmen, die sich über mehrere Jahre erstrecken, sind neben dem veranschlagten Jahresbedarf die Ausgaben für die gesamte Maßnahme anzugeben. Die in den folgenden Jahren noch erforderlichen Ausgaben sind bei der Finanzplanung zu berücksichtigen.

(2) Bevor Investitionen von erheblicher finanzieller Bedeutung beschlossen werden, soll unter mehreren in Betracht kommenden Möglichkeiten durch Vergleich der Anschaffungs- oder Herstellungskosten und der Folgekosten die für die Gemeinde wirtschaftlichste Lösung ermittelt werden.

(3) Ausgaben und Verpflichtungsermächtigungen für Bauten und Instandsetzungen an Bauten dürfen erst veranschlagt werden, wenn Pläne, Kostenberechnungen und Erläuterungen vorliegen, aus denen die Art der Ausführung, die Kosten der Maßnahme, des Grunderwerbs und der Einrichtung sowie die voraussichtlichen Jahresraten unter Angabe der Kostenbeteiligung Dritter und ein Bauzeitplan im einzelnen ersichtlich sind. Den Unterlagen ist eine Schätzung der nach Fertigstellung der Maßnahme entstehenden jährlichen Haushaltsbelastungen beizufügen.

(4) Ausnahmen von Absatz 3 sind bei Vorhaben von geringer finanzieller Bedeutung und bei dringenden Instandsetzungen zulässig. Die Notwendigkeit einer Ausnahme ist in den Erläuterungen zu begründen.

§ 11 Verfügungsmittel, Deckungsreserve

Im Verwaltungshaushalt können in angemessener Höhe

1. Verfügungsmittel des Bürgermeisters und des Gemeindedirektors,

2. Mittel zur Deckung über- und außerplanmäßiger Ausgaben des Verwaltungshaushalts (Deckungsreserve)

veranschlagt werden. Die Ansätze dürfen nicht überschritten werden, die Mittel sind nicht übertragbar.

§ 12   Kalkulatorische Kosten

(1) Für Einrichtungen, die in der Regel und überwiegend aus Entgelten finanziert werden (kostenrechnende Einrichtungen), sind im Verwaltungshaushalt auch

1. angemessene Abschreibungen,

2. eine angemessene Verzinsung des Anklagekapitals

zu veranschlagen. Die Beiträge sind zugleich als Einnahmen zu veranschlagen.

(2) Bei der Verzinsung des Anlagekapitals bleibt der aus Beiträgen und ähnlichen Entgelten sowie aus Zuweisungen und Zuschüssen aufgebrachte Kapitalanteil außer Betracht.

§ 13   Durchlaufende Gelder, fremde Mittel

Im Haushaltsplan der Gemeinde werden nicht veranschlagt

1. durchlaufende Gelder,

2. Beträge, die die Gemeinde auf Grund eines Gesetzes unmittelbar in den Haushalt eines anderen öffentlichen Aufgabenträgers zu buchen hat (einschließlich der ihr zur Selbstbewirtschaftung zugewiesenen Mittel),

3. Beträge, die die Kasse des endgültigen Kostenträgers oder eine andere Kasse, die unmittelbar mit dem endgültigen Kostenträger abrechnet, anstelle der Gemeindekasse vereinnahmt oder ausgibt.

§ 14   Weitere Vorschriften für einzelne Einnahmen und Ausgaben

(1)   Einnahmen aus Krediten sind in Höhe der Rückzahlungsverpflichtung zu veranschlagen.

(2)   Abgaben, abgabeähnliche Entgelte und allgemeine Zuweisungen, die die Gemeinde zurückzuzahlen hat, sind bei den Einnahmen abzusetzen, auch wenn sie sich auf Einnahmen der Vorjahre beziehen.

(3)   Die Erstattung von Verwaltungskosten und sonstigen Gemeinkosten zwischen Einzelplänen, Abschnitten und Unterabschnitten soll nur in solchen Fällen veranschlagt werden, in denen es für Kostenrechnungen erforderlich ist.

(4)   Die Veranschlagung von Personalausgaben richtet sich nach den im Haushaltsjahr voraussichtlich besetzten Stellen. Die für den ersten Monat des

Haushaltsjahres vor dessen Beginn zu zahlenden Beträge sind in die Veranschlagung einzubeziehen. Der Versorgungsaufwand ist auf die Einzelpläne, Abschnitte und Unterabschnitte nach der Höhe der dort ausgewiesenen Dienstbezüge aufzuteilen.

§ 15 Erläuterungen

(1) Es sind zu erläutern

1. die größeren Einnahme- und Ausgabenansätze des Verwaltungshaushalts, die von den bisherigen Ansätzen erheblich abweichen,

2. neue Maßnahmen des Vermögenshaushalts; erstrecken sie sich über mehrere Jahre, ist bei jeder folgenden Veranschlagung die bisherige Abwicklung darzulegen,

3. Notwendigkeit und Höhe der Verpflichtungsermächtigungen,

4. Ausgaben zur Erfüllung von Verträgen, die die Gemeinde über ein Jahr hinaus zu erheblichen Zahlungen verpflichten,

5. die von den Bediensteten aus Nebentätigkeiten abzuführenden Beträge,

6. besondere Bestimmungen im Haushaltsplan, z. B. Sperrvermerke, Zweckbindung von Einnahmen.

(2) Die übrigen Einnahmen und Ausgaben sind, soweit erforderlich, zu erläutern.

DRITTER ABSCHNITT: Deckungsgrundsätze

§ 16 Grundsatz der Gesamtdeckung

Soweit in dieser Verordnung nicht anderes bestimmt ist, dienen

1. die Einnahmen des Verwaltungshaushalts insgesamt zur Deckung der Ausgaben des Verwaltungshaushalts,

2. die Einnahmen des Vermögenshaushalts insgesamt zur Deckung der Ausgaben des Vermögenshaushalts.

§ 17 Zweckverbindung von Einnahmen

(1) Einnahmen dürfen auf die Verwendung für bestimmte Ausgaben nur beschränkt werden, wenn dies durch Gesetz vorgeschrieben ist oder die Beschränkung sich zwingend aus der Herkunft oder der Natur der Einnahme ergibt. Die Zweckbindung ist durch Haushaltsvermerk auszuweisen. Wenn im Haushaltsplan nichts anderes bestimmt wird, dürfen zweckgebundene Mehreinnahmen für entsprechende Mehrausgaben verwendet werden.

(2) Im Haushaltsplan kann ferner bestimmt werden, daß Mehreinnahmen bei Entgelten für bestimmte Leistungen als Mehrausgaben zur Erbringung dieser Leistungen verwendet werden können.

(3) Mehrausgaben nach Absatz 1 Satz 3 und Absatz 2 gelten nicht als überplanmäßige Ausgaben.

§ 18 Deckungsfähigkeit

(1) Wenn im Haushaltsplan nichts anderes bestimmt wird, sind die Ausgaben in den einzelnen Sammelnachweisen gegenseitig deckungsfähig. Das gleiche gilt für die Personalausgaben, auch wenn sie nicht in einem Sammelnachweis veranschlagt sind.

(2) Ausgaben im Verwaltungshaushalt können ferner für gegenseitig oder einseitig deckungsfähig erklärt werden, wenn sie sachlich eng zusammenhängen. Verfügungsmittel dürfen nicht für deckungsfähig erklärt werden.

(3) Im Vermögenshaushalt können jeweils nur die Ausgaben eines Abschnitts oder, soweit Unterabschnitte verbindlich vorgeschrieben sind, eines Unterabschnitts für gegenseitig deckungsfähig erklärt werden.

(4) Bei Deckungsfähigkeit können die deckungsberechtigten Ausgabeansätze zu Lasten der deckungspflichtigen Ansätze erhöht werden.

§ 19 Übertragbarkeit

(1) Die Ausgabeansätze im Vermögenshaushalt bleiben bis zur Fälligkeit der letzten Zahlung für ihren Zweck verfügbar, bei Baumaßnahmen und Beschaffungen längstens jedoch zwei Jahre nach Schluß des Haushaltsjahres, in dem der Gegenstand oder der Bau in seinen wesentlichen Teilen in Benutzung genommen werden kann.

(2) Im Verwaltungshaushalt können Ausgaben für übertragbar erklärt werden, wenn die Übertragbarkeit eine sparsame Bewirtschaftung der Mittel fördert. Die Ausgabeansätze bleiben bis zum Ende des folgenden Jahres verfügbar.

VIERTER ABSCHNITT: Rücklagen

§ 20 Allgemeine Rücklage und Sonderrücklagen

(1) Rücklagen der Gemeinde sind die allgemeine Rücklage und die Sonderrücklagen.

(2) Die allgemeine Rücklage soll die rechtzeitige Leistung von Ausgaben sichern (Betriebsmittel der Kasse). Zu diesem Zweck muß ein Betrag vorhan-

den sein, der sich in der Regel auf mindestens 2 v. H. der Ausgaben des Verwaltungshaushalts nach dem Durchschnitt der drei dem Haushaltsjahr vorangehenden Jahre beläuft.

(3) In der allgemeinen Rücklage sollen ferner Mittel zur Deckung des Ausgabenbedarfs im Vermögenshaushalt künftiger Jahre angesammelt werden. Der allgemeinen Rücklage sind dann rechtzeitig Mittel zuzuführen, wenn

a) die Tilgung von Krediten, die mit dem Gesamtbetrag fällig werden, die voraussichtliche Höhe der Zuführung des Verwaltungshaushalts an den Vermögenshaushalt übersteigt und nicht anders gedeckt werden kann,

b) die Inanspruchnahme aus Bürgschaften, Gewährverträgen und ähnlichen Verträgen die laufende Aufgabenerfüllung erheblich beeinträchtigen würde,

c) sonst für die im Investitionsprogramm der künftigen Jahre vorgesehenen Investitionen und Investitionsförderungsmaßnahmen ein unvertretbar hoher Kreditbedarf entstehen würde.

Im übrigen sollen Zuführungen und Entnahmen nach dem Finanzplan ausgerichtet werden.

(4) Sonderrücklagen dürfen nicht für die in Absatz 2 und 3 genannten Zwecke, zum Haushaltsausgleich sowie für die Erneuerung von Vermögensgegenständen gebildet werden.

§ 21 Anlegung von Rücklagen

(1) Die Mittel der Rücklagen sind, soweit sie nicht als Betriebsmittel der Kasse benötigt werden, sicher und ertragbringend anzulegen; sie müssen für ihren Zweck rechtzeitig verfügbar sein. Solange Sonderrücklagen für ihren Zweck nicht benötigt werden, können sie als innere Darlehen im Vermögenshaushalt in Anspruch genommen werden.

(2) Sonderrücklagen sind aufzulösen, wenn und soweit ihr Verwendungszweck entfällt.

FÜNFTER ABSCHNITT: Ausgleich des Haushalts

§ 22 Haushaltsausgleich

(1) Die im Verwaltungshaushalt zur Deckung der Ausgaben nicht benötigten Einnahmen sind dem Vermögenshaushalt zuzuführen. Die Zuführung zum Vermögenshaushalt muß mindestens so hoch sein, daß damit die Kreditbeschaffungskosten und die ordentliche Tilgung von Krediten gedeckt werden können, soweit dafür keine Einnahmen nach § 1 Abs. 1 Nr. 2 bis 4 zur Verfü-

gung stehen. Die Zuführung soll ferner die Ansammlung von Rücklagen, soweit sie nach § 20 erforderlich ist, ermöglichen und insgesamt mindestens so hoch sein wie die aus speziellen Entgelten gedeckten Abschreibungen.

(2) Soweit Einnahmen des Vermögenshaushalts im Haushaltsjahr nicht für die in § 1 Abs. 1 Nr. 6, 7 und 9 genannten Ausgaben, zur Ansammlung von Sonderrücklagen oder zur Deckung von Fehlbeträgen benötigt werden, sind sie der allgemeinen Rücklage zuzuführen.

(3) Mittel der allgemeinen Rücklage dürfen zum Ausgleich des Verwaltungshaushalts verwendet werden, wenn

1. sonst der Ausgleich trotz Ausschöpfung aller Einnahmemöglichkeiten und Ausnutzung jeder Sparmöglichkeit nicht erreicht werden kann,

2. die Mittel nicht für die unabweisbare Fortführung bereits begonnener Maßnahmen benötigt werden und

3. die Kassenliquidität unter Berücksichtigung möglicher Kassenkredite nicht beeinträchtigt wird.

Unter den in Satz 1 genannten Voraussetzungen können auch die in § 1 Abs. 1 Nr. 2 genannten Einnahmen zum Ausgleich des Verwaltungshaushalts verwendet werden; dabei dürfen die in § 20 Abs. 3 genannten Zwecke nicht gefährdet werden.

§ 23 Deckung von Fehlbeträgen

Ein Fehlbetrag soll unverzüglich gedeckt werden; er ist spätestens im zweiten, im Falle einer Haushaltssatzung für zwei Jahre spätestens im dritten dem Haushaltsjahr folgenden Jahr zu veranschlagen. Ein nach § 69 Abs. 2 der Gemeindeordnung entstandener Fehlbetrag ist im folgenden Jahr zu decken.

SECHSTER ABSCHNITT: Finanzplanung

§ 24 Finanzplanung und Investitionsprogramm

(1) Der Finanzplan besteht aus einer Übersicht über die Entwicklung der Einnahmen und Ausgaben des Verwaltungshaushalts sowie des Vermögenshaushalts. Er ist nach der für die Gruppierungsübersicht (§ 4 Nr. 3) geltenden Ordnung und nach Jahren gegliedert aufzustellen; soweit der Innenminister es vorschreibt, sind Investitionen und Investitionsförderungsmaßnahmen nach Aufgabenbereichen zu gliedern.

(2) In das dem Finanzplan zugrunde zu legende Investitionsprogramm sind die im Planungszeitraum vorgesehenen Investitionen und Investitionsförderungsmaßnahmen nach Jahresabschnitten aufzunehmen. Jeder Jahresab-

schnitt soll die fortzuführenden und neuen Investitionen und Investitionsförderungsmaßnahmen mit den auf das betreffende Jahr entfallenden Teilbeträgen wiedergeben. Unbedeutende Investitionen und Investitionsförderungsmaßnahmen können nach Abschnitten zusammengefaßt werden.

(3) Bei der Aufstellung und Fortschreibung des Finanzplanes sollen die vom Innenminister auf der Grundlage der Empfehlungen des Finanzplanungsrates bekanntgegebenen Orientierungsdaten berücksichtigt werden.

(4) Der Finanzplan soll für die einzelnen Jahre in Einnahme und Ausgabe ausgeglichen sein.

SIEBTER ABSCHNITT: Besondere Vorschriften für die Haushaltswirtschaft

§ 25 Einziehung der Einnahmen

Die Einnahmen der Gemeinde sind rechtzeitig einzuziehen, ihr Eingang ist zu überwachen.

§ 26 Bewirtschaftung und Überwachung der Ausgaben

(1) Die im Haushaltsplan zur Verfügung gestellten Mittel müssen so verwaltet werden, daß sie zur Deckung aller Ausgaben im Haushaltsjahr ausreichen, die unter die einzelnen Zweckbestimmungen fallen; sie dürfen erst dann in Anspruch genommen werden, wenn die Aufgabenerfüllung es erfordert.

(2) Die Inanspruchnahme von Haushaltsmitteln einschließlich der über- und außerplanmäßigen Ausgaben ist in Haushaltsüberwachungslisten oder auf andere geeignete Weise zu überwachen. Die bei den einzelnen Haushaltsstellen noch zur Verfügung stehenden Haushaltsmittel müssen ständig zu erkennen sein.

(3) Die Absätze 1 und 2 gelten für die Inanspruchnahme von Verpflichtungsermächtigungen entsprechend.

§ 27 Ausgaben des Vermögenshaushalts

(1) Die Ausgabeansätze des Vermögenshaushalts dürfen nur in Anspruch genommen werden, soweit die rechtzeitige Bereitstellung der Deckungsmittel gesichert werden kann. Dabei darf die Finanzierung anderer, bereits begonnener Maßnahmen nicht beeinträchtigt werden.

(2) Vor Beginn einer Maßnahme nach § 10 Abs. 4 müssen mindestens eine Kostenberechnung und ein Bauzeitplan vorliegen.

Anhang 5 · GemHVO

§ 28 Haushaltswirtschaftliche Sperre

Wenn die Entwicklung der Einnahmen oder Ausgaben es erfordert, kann der Kämmerer, wenn ein solcher nicht bestellt ist, der Gemeindedirektor die Inanspruchnahme von Ausgabeansätzen und Verpflichtungsermächtigungen sperren. Der Rat kann die Sperre aufheben.

§ 29 Unterrichtungspflicht

Der Rat ist unverzüglich zu unterrichten, wenn eine haushaltswirtschaftliche Sperre nach § 28 ausgesprochen worden ist oder wenn sich abzeichnet, daß der Haushaltsausgleich gefährdet ist oder daß sich die Gesamtausgaben einer Maßnahme des Vermögenshaushalts nicht nur geringfügig erhöhen werden.

§ 30 Vorschüsse, Verwahrgelder

(1) Eine Ausgabe, die sich auf den Haushalt bezieht, darf als Vorschuß nur behandelt werden, wenn die Verpflichtung zur Leistung feststeht und die Deckung gewährleistet ist, die Ausgabe aber noch nicht endgültig im Haushalt gebucht werden kann.

(2) Eine Einnahme, die sich auf den Haushalt bezieht, darf als Verwahrgeld nur behandelt werden, solange ihre endgültige Buchung im Haushalt nicht möglich ist.

§ 31 Vergabe von Aufträgen

(1) Der Vergabe von Aufträgen muß eine öffentliche Ausschreibung vorausgehen, sofern nicht die Natur des Geschäfts oder besondere Umstände eine beschränkte Ausschreibung oder freihändige Vergabe rechtfertigen.

(2) Bei der Vergabe von Aufträgen sind die Vergabegrundsätze anzuwenden, die der Innenminister bekannt gibt.

§ 32 Stundung, Niederschlagung und Erlaß

(1) Ansprüche dürfen ganz oder teilweise gestundet werden, wenn ihre Einziehung bei Fälligkeit eine erhebliche Härte für den Schuldner bedeuten würde und der Anspruch durch die Stundung nicht gefährdet erscheint. Gestundete Beträge sind in der Regel angemessen zu verzinsen.

(2) Ansprüche dürfen niedergeschlagen werden, wenn feststeht, daß die Einziehung keinen Erfolg haben wird, oder wenn die Kosten der Einziehung außer Verhältnis zur Höhe des Anspruchs stehen.

(3) Ansprüche dürfen ganz oder zum Teil erlassen werden, wenn ihre Einziehung nach Lage des einzelnen Falles für den Schuldner eine besondere Härte bedeuten würde. Das gleiche gilt für die Rückzahlung oder Anrechnung von geleisteten Beträgen.

§ 33 Kleinbeträge

Die Gemeinde kann davon absehen, Ansprüche von weniger als zehn Deutsche Mark geltend zu machen, es sei denn, daß die Einziehung aus grundsätzlichen Erwägungen geboten ist. Mit juristischen Personen des öffentlichen Rechts kann im Falle der Gegenseitigkeit etwas anderes vereinbart werden.

§ 34 Nachtragshaushaltsplan

(1) Der Nachtragshaushaltsplan muß alle erheblichen Änderungen der Einnahmen und Ausgaben, die im Zeitpunkt seiner Aufstellung übersehbar sind, enthalten. Bereits geleistete oder angeordnete über- und außerplanmäßige Ausgaben brauchen nicht veranschlagt zu werden.

(2) Werden im Nachtragshaushaltsplan Mehreinnahmen veranschlagt oder Ausgabekürzungen vorgenommen, die zur Deckung über- und außerplanmäßiger Ausgaben dienen, so sind diese Ausgaben abweichend von Absatz 1 Satz 2 mit in den Nachtragshaushaltsplan aufzunehmen; sie können als Aufstockung der Deckungsreserve in einer Summe veranschlagt werden, unerhebliche Beträge können unberücksichtigt bleiben.

(3) Enthält der Nachtragshaushaltsplan neue Verpflichtungsermächtigungen, sind deren Auswirkungen auf den Finanzplan anzugeben; die Übersicht nach § 2 Abs. 2 Nr. 3 ist zu ergänzen.

§ 35 Haushaltssatzung für zwei Jahre

(1) Werden in der Haushaltssatzung Festsetzungen für zwei Haushaltsjahre getroffen, sind im Haushaltsplan die Einnahmen, Ausgaben und Verpflichtungsermächtigungen für jedes der beiden Haushaltsjahre getrennt aufzuführen. Soweit es unumgänglich ist, kann hierbei von Vorschriften über die äußere Form des Haushaltsplanens abgewichen werden.

(2) Die Fortschreibung der Finanzplanung im ersten Haushaltsjahr ist dem Rat vor Beginn des zweiten Haushaltsjahres vorzulegen.

(3) Anlagen nach § 2 Abs. 2 Nr. 6, die nach der Verabschiedung eines Haushaltsplanes nach Absatz 1 erstellt worden sind, müssen dem folgenden Haushaltsplan beigefügt werden.

§ 36 Abweichendes Wirtschaftsjahr

(1) Für Unternehmen und Einrichtungen, für die keine Sonderrechnungen geführt werden, kann die Gemeinde ein vom Haushaltsjahr abweichendes Wirtschaftsjahr bestimmen, wenn die Eigenart des Betriebes es erfordert.

(2) Im Falle des Absatzes 1 ist für die Wirtschaftsführung im Wirtschaftsjahr ein Bewirtschaftungsplan aufzustellen. Für diesen gelten die Vorschriften über

den Inhalt und die Gliederung des Haushaltsplans sinngemäß; er ist vom Rat zu beschließen. Die Einnahmen und Ausgaben des Bewirtschaftungsplans sind in den Haushaltsplan des Jahres zu übernehmen, in dem das Wirtschaftsjahr endet. Die bei Aufstellung des Haushaltsplans übersehbaren Änderungen der Ansätze des Bewirtschaftungsplans sind hierbei zu berücksichtigen. Der Bewirtschaftungsplan ist als Anlage dem Haushaltsplan anzuschließen.

(3) Vor Inkrafttreten der Haushaltssatzung können die zur Aufrechterhaltung des Betriebes erforderlichen Ausgaben geleistet werden.

ACHTER ABSCHNITT: Vermögen

§ 37   Bestandsverzeichnisse

(1) Die Gemeinde hat über die Grundstücke, grundstücksgleichen Rechte und beweglichen Sachen, die ihr Eigentum sind oder ihr zustehen, Bestandsverzeichnisse zu führen. Aus den Verzeichnissen müssen Art und Menge sowie Belegenheit oder Standort der Gegenstände ersichtlich sein.

(2) Verzeichnisse brauchen nicht geführt zu werden, soweit

a) sich der Bestand aus Anlagenachweisen ergibt,

b) es sich um bewegliche Sachen handelt, deren Anschaffungs- oder Herstellungskosten im Einzelfall oder für die Sachgesamtheit nicht mehr als einhundert Deutsche Mark betragen haben,

c) über den Bestand von Vorräten eine ausreichende Kontrolle gewährleistet ist oder die Vorräte zum alsbaldigen Verbrauch bestimmt sind.

§ 38   Nachweis von Anlagevermögen und Geldanlagen

(1) Über Forderungen aus Geldanlagen und Darlehen sowie über Beteiligungen und Wertpapiere sind Nachweise zu führen. Forderungen aus Geldanlagen und Darlehen müssen mit ihrem jeweiligen Stand, Beteiligungen und Wertpapiere in der Regel mit dem für sie aufgewendeten Betrag nachgewiesen werden.

(2) Über Sachen und grundstücksgleiche Rechte, die kostenrechnenden Einrichtungen dienen, sind gesondert für jede Einrichtung Anlagenachweise zu führen. In die Anlagenachweise sind mindestens die Anschaffungs- oder Herstellungskosten und die Abschreibungen aufzunehmen. Gleichartige Gegenstände oder solche, die einem einheitlichen Zweck dienen, können zusammengefaßt nachgewiesen werden. Wenn sich der Bestand von Gegenständen in seiner Größe und seinem Wert über längere Zeit nicht erheblich verändert, kann er mit Festwerten nachgewiesen werden; diese sind in angemessenen Zeitabständen zu überprüfen.

(3)   Absatz 2 gilt nicht für geringwertige Wirtschaftsgüter im Sinne des Einkommensteuergesetzes.

(4)   Über Sachen und grundstücksgleiche Rechte, die nicht kostenrechnenden Einrichtungen dienen, sowie über sonstige vermögenswerte Rechte kann die Gemeinde Anlagenachweise führen. Die Absätze 2 und 3 gelten sinngemäß.

NEUNTER ABSCHNITT: Jahresrechnung

§ 39   Bestandteile der Jahresrechnung, Anlagen

Die Jahresrechnung umfaßt den kassenmäßigen Abschluß und die Haushaltsrechnung.

(2)   Der Jahresrechnung sind beizufügen

1. eine Vermögensübersicht,

2. eine Übersicht über die Schulden und die Rücklagen,

3. ein Rechnungsquerschnitt und eine Gruppierungsübersicht,

4. ein Rechenschaftsbericht.

(3)   Die Gemeinde kann die Bestände und die Veränderungen ihres Vermögens sowie ihre Schulden und Rücklagen in der Jahresrechnung nachweisen. Absatz 2 Nr. 1 und 2 findet in diesem Fall keine Anwendung.

§ 40   Kassenmäßiger Abschluß

Der kassenmäßige Abschluß enthält

1. die Soll-Einnahmen und die Soll-Ausgaben,

2. die Ist-Einnahmen und die Ist-Ausgaben bis zum Abschlußtag,

3. die Kassen-Einnahme- und die Kassen-Ausgabereste

insgesamt und je gesondert für den Verwaltungshaushalt und den Vermögenshaushalt sowie für alle Vorschüsse und Verwahrgelder. Als buchmäßiger Kassenbestand ist der Unterschied zwischen der Summe der Ist-Einnahmen und der Summe der Ist-Ausgaben nachzuweisen.

§ 41   Haushaltsrechnung

(1)   In der Haushaltsrechnung sind die in § 40 Satz 1 Nr. 1 bis 3 genannten Beträge für die einzelnen Haushaltsstellen nach der Ordnung des Haushaltsplans nachzuweisen. Den Soll-Einnahmen und Soll-Ausgaben des Haushalts-

jahres sind die entsprechenden Haushaltsansätze und die über- und außerplanmäßig bewilligten Ausgaben gegenüberzustellen.

(2) In der Haushaltsrechnung ist ferner festzustellen, welche übertragbaren Ausgabemittel noch verfügbar sind und in welcher Höhe sie als Haushaltsausgabereste in das folgende Jahr übertragen werden. Haushaltseinnahmereste dürfen im Vermögenshaushalt für Einnahmen aus der Aufnahme von Krediten gebildet werden, soweit die Kreditaufnahme im folgenden Jahr gesichert werden kann.

(3) Zur Feststellung des Ergebnisses der Haushaltsrechnung sind die Soll-Einnahmen des Haushaltsjahres den Soll-Ausgaben des Haushaltsjahres unter Berücksichtigung etwaiger Haushaltsreste gegenüberzustellen. Ein Überschuß ist in der abzuschließenden Jahresrechnung der allgemeinen Rücklage zuzuführen

§ 42 Rechnungsabgrenzung

(1) Als Soll-Einnahmen und Soll-Ausgaben des Haushaltsjahres sind alle Beträge nachzuweisen, die bis zum Ende des Haushaltsjahres fällig geworden oder darüber hinaus gestundet worden sind. Niedergeschlagene oder erlassene Beträge dürfen nicht als Soll-Einnahmen oder Soll-Ausgaben nachgewiesen werden.

(2) *entfallen*

(3) Beträge, die im Haushaltsjahr eingehen oder zu zahlen sind, jedoch erst im folgenden Jahr fällig werden, sowie die Personalausgaben nach § 14 Abs. 4 Satz 2 sind in der Haushaltsrechnung für das neue Haushaltsjahr nachzuweisen.

§ 43 Anlagen zur Jahresrechnung

(1) Aus der Vermögensübersicht muß der Stand des Vermögens nach § 38 Abs. 1 und 2 zum Beginn und zum Ende des Haushaltsjahres ersichtlich sein, gegliedert nach Arten, für das Vermögen nach § 38 Abs. 2 auch nach Aufgabenbereichen.

(2) Aus der Übersicht über die Schulden und Rücklagen muß der Stand zu Beginn und zum Ende des Haushaltsjahres ersichtlich sein, bei den Schulden gegliedert nach Gläubigern und Fälligkeiten.

(3) Für den Rechnungsquerschnitt und die Gruppierungsübersicht gilt § 4 Nr. 2 und 3 sinngemäß.

(4) Im Rechenschaftsbericht sind insbesondere die wichtigsten Ergebnisse der Jahresrechnung und erhebliche Abweichungen der Jahresergebnisse von den Haushaltsansätzen zu erläutern. Der Rechenschaftsbericht soll außerdem einen Überblick über die Haushaltswirtschaft im abgelaufenen Jahr geben.

ZEHNTER ABSCHNITT: Schlußvorschriften

§ 44 Sondervermögen, Treuhandvermögen

Soweit auf Sondervermögen und Treuhandvermögen der Gemeinde gesetzliche Vorschriften über die Haushaltswirtschaft Anwendung finden, gilt diese Verordnung sinngemäß.

§ 45 Anordnungsbefugnis

entfallen

§ 46 Begriffsbestimmungen

Bei der Anwendung dieser Verordnung sind die nachfolgenden Begriffe zugrunde zu legen:

1. Anlagekapital
   das für das Anlagevermögen von kostenrechnenden Einrichtungen gebundene Kapital (die sich unter Berücksichtigung der Abschreibungen ergebenden Wertansätze)

2. Anlagevermögen
   die Teile des Vermögens, die dauernd der Aufgabenerfüllung dienen,

   im einzelnen:

   2.1 Grundstücke,

   2.2 bewegliche Sachen mit Ausnahme der geringwertigen Wirtschaftsgüter im Sinne des Einkommensteuergesetzes,

   2.3 dingliche Rechte,

   2.4 Beteiligungen sowie Wertpapiere, die die Gemeinde zum Zweck der Beteiligung erworben hat,

   2.5 Forderungen aus Darlehen, die die Gemeinde aus Mitteln des Haushalts in Erfüllung einer Aufgabe gewährt hat,

   2.6 Kapitaleinlagen der Gemeinde in Zweckverbänden oder anderen kommunalen Zusammenschlüssen,

   2.7 das von der Gemeinde in ihre Sondervermögen mit Sonderrechnung eingebrachte Eigenkapital

3. Außerplanmäßige Ausgaben
   Ausgaben, für deren Zweck im Haushaltsplan keine Mittel veranschlagt und keine Haushaltsausgabereste verfügbar sind

4. Baumaßnahmen

die Ausführung von Bauten (Neu-, Erweiterungs- und Umbauten) sowie die Instandsetzung an Bauten, soweit sie nicht der Unterhaltung baulicher Anlagen dient

5. Durchlaufende Gelder
Beträge, die für einen Dritten lediglich vereinnahmt und verausgabt werden

6. Erlaß
Verzicht auf einen Anspruch

7. Fehlbetrag
der Betrag, um den unter Berücksichtigung der Haushaltsreste die Soll-ausgaben in der Haushaltsrechnung höher sind als die Soll-Einnahmen

8. Fremde Mittel
die in § 13 Nr. 2 und 3 genannten Beträge

9. Geldanlage
der Erwerb von Wertpapieren und Forderungen aus Mitteln des Kassenbe-stands oder aus den den Rücklagen zugewiesenen Mitteln

10. Haushaltsreste
Einnahme- und Ausgabeansätze, die in das folgende Jahr übertragen werden

11. Haushaltsvermerke
einschränkende oder erweiternde Bestimmungen zu Ansätzen des Haus-haltsplans (z. B. Vermerke über Deckungsfähigkeit, Übertragbarkeit, Zweckbindung, Sperrvermerke)

12. Innere Darlehen
die vorübergehende Inanspruchnahme von Mitteln

   1. der Sonderrücklagen

   2. der Sondervermögen ohne Sonderrechnung

   als Deckungsmittel im Vermögenshaushalt

13. Investitionen
Ausgaben für die Veränderung des Anlagevermögens

14. Investitionsförderungsmaßnahmen
Zuweisungen, Zuschüsse und Darlehen für Investitionen Dritter und für Investitionen der Sondervermögen mit Sonderrechnung

15. Ist-Ausgaben
die tatsächlichen Ausgaben der Kasse

16. Ist-Einnahmen
die tatsächlichen Einnahmen der Kasse

17. Kassenreste
    die Beträge, um die die Soll-Einnahmen höher sind als die Ist-Einnahmen (Kasseneinnahmereste) bzw. die Soll-Ausgaben höher sind als die Ist-Ausgaben (Kassenausgabereste) und die in einem späteren Haushaltsjahr zu zahlen sind

18. Kredite
    das unter der Verpflichtung zur Rückzahlung von Dritten oder von Sondervermögen mit Sonderrechnung aufgenommene Kapital mit Ausnahme der Kassenkredite

19. Niederschlagung
    die befristete oder unbefristete Zurückstellung der Weiterverfolgung eines fälligen Anspruchs der Gemeinde ohne Verzicht auf den Anspruch selbst

20. Schulden
    Rückzahlungsverpflichtungen aus Kreditaufnahmen und ihnen wirtschaftlich gleichkommenden Vorgängen sowie aus der Aufnahme von Kassenkrediten

21. Soll-Ausgaben
    die bis zum Abschlußtag zu leistenden und auf Grund von Auszahlungsanordnungen zum Soll des Haushaltsjahres gestellten Ausgaben

22. Soll-Einnahmen
    die bis zum Ende des Haushaltsjahres fälligen oder darüber hinaus gestundeten, auf Grund von Annahmeanordnungen zum soll des Haushaltsjahres gestellten Einnahmen, ohne die erlassenen und niedergeschlagenen Beträge

23. Tilgung von Krediten

    1. Ordentliche Tilgung
       die Leistung des im Haushaltsjahr zurückzuzahlenden Betrages bis zu der in den Rückzahlungsbedingungen festgelegten Mindesthöhe

    2. Außerordentliche Tilgung
       die über die ordentliche Tilgung hinausgehende Rückzahlung einschließlich Umschuldung

24. Überplanmäßige Ausgaben
    Ausgaben, die die im Haushaltsplan veranschlagten Beträge und die Haushaltsausgabereste übersteigen

25. Überschuß
    der Betrag, um den unter Berücksichtigung dere Haushaltsreste die Soll-Einnahmen des Vermögenshaushalts in der Haushaltsrechnung die Soll-

Ausgaben für die in § 22 Abs. 2 genannten Zwecke, für Zuführungen zum Verwaltungshaushalt und für die veranschlagte Zuführung zur allgemeinen Rücklage übersteigen

26. Umschuldung
die Ablösung von Krediten durch andere Kredite

27. Verfügungsmittel
Beträge, die dem Bürgermeister und dem Gemeindedirektor für dienstliche Zwecke, für die keine Ausgaben veranschlagt sind, zur Verfügung stehen

28. Vorjahr
das dem Haushaltsjahr vorangehende Jahr

29. Vorschüsse und Verwahrgelder
die in § 30 genannten Beiräge und die durchlaufenden Gelder

§ 47 *außer Kraft*

§ 48 Geltung

(1) Dieser Verordnung tritt am Tage nach ihrer Verkündung in Kraft. Sie ist erstmals auf die Haushalte für das Haushaltsjahr 1974 anzuwenden.

(2) *gegenstandslos*

Eigenbetriebsverordnung für das Land Nordrhein-Westfalen (EigVO)

in der Fassung der Bekanntmachung vom 1. Juni 1988 (GV. NW. S. 394/SGV. NW. 641) – Auszug

Auf Grund des § 119 Abs. 1 und 2 der Gemeindeordnung für das Land Nordrhein-Westfalen in der Fassung der Bekanntmachung vom 13. August 1984 (GV. NW. S. 475), geändert durch Rechtsbereinigungsgesetz 1987 vom 6. Oktober 1987 (GV. NW. S. 342), wird im Einvernehmen mit dem Finanzminister und mit Zustimmung des Ausschusses für Kommunalpolitik des Landtags verordnet:

I. TEIL: Verfassung und Verwaltung

§ 1 Rechtsgrundlagen des Eigenbetriebes

Die wirtschaftlichen Unternehmen der Gemeinde ohne Rechtspersönlichkeit (§ 88 GO) werden als Eigenbetrieb nach den Vorschriften der Gemeindeordnung und dieser Verordnung sowie nach den Bestimmungen der Betriebssatzung des Eigenbetriebes geführt (§ 93 GO).

§ 2 Werkleitung

(1) Der Eigenbetrieb wird von der Werkleitung selbständig geleitet, soweit nicht durch die Gemeindeordnung, diese Verordnung oder die Betriebssatzung etwas anderes bestimmt ist. Der Werkleitung obliegt insbesondere die laufende Betriebsführung. Sie ist für die wirtschaftliche Führung des Eigenbetriebs verantwortlich.

(2) Die Werkleitung besteht aus einem oder mehreren Werkleitern. Der Rat kann einen Werkleiter zum Ersten Werkleiter bestellen. Die Betriebssatzung regelt, wie bei Meinungsverschiedenheiten innerhalb der Werkleitung zu verfahren ist.

(3) Ist ein Werkleiter Beigeordneter der Gemeinde, so ist er Erster Werkleiter.

(4) Die Geschäftsverteilung innerhalb einer Werkleitung, die aus mehreren Mitgliedern besteht, regelt der Gemeindedirektor mit Zustimmung des Werksausschusses durch Dienstanweisung.

§ 3 Vertretung des Eigenbetriebs

(1) In den Angelegenheiten des Eigenbetriebs, die der Entscheidung der Werkleitung unterliegen, vertritt diese die Gemeinde. Die Betriebssatzung kann ihr weitergehende Vertretungsbefugnisse einräumen. Besteht die Werkleitung aus mehreren Mitgliedern, so vertreten zwei von ihnen gemeinschaftlich den Eigenbetrieb.

(2) Der Kreis der Vertretungsberechtigten und der Beauftragten sowie der Umfang ihrer Vertretungsbefugnis werden von der Werkleitung öffentlich bekanntgemacht.

Die Vertretungsberechtigten unterzeichnen unter dem Namen des Eigenbetriebs.

(3) Bei verpflichtenden Erklärungen für die Eigenbetriebe ist nach den Vorschriften der §§ 54 und 56 GO zu verfahren. Die Erklärungen nach § 54 Abs. 3 Satz 2 und nach § 56 Abs. 1 sind von dem Gemeindedirektor oder seinem Stellvertreter und einem Werkleiter zu unterzeichnen. Die Geschäfte der laufenden Betriebsführung gelten als einfache Geschäfte der laufenden Verwaltung (§ 56 Abs. 2 GO).

§ 4 Zuständigkeiten des Rats der Gemeinde

Der Rat der Gemeinde entscheidet über die Angelegenheiten, die ere nach der Gemeindeordnung nicht übertragen kann, und über

a) die Bestellung der Werkleiter,

b) die Feststellung und Änderung des Wirtschaftsplans,

c) die Feststellung des Jahresabschlusses und die Verwendung des Jahresgewinns oder die Deckung eines Verlustes,

d) die Rückzahlung von Eigenkapital an die Gemeinde.

§ 5 Werksausschuß

(1) Der Rat bildet für den Eigenbetrieb einen Werksausschuß. Für mehrere Eigenbetriebe einer Gemeinde kann ein gemeinsamer Werksausschuß gebildet werden.

(2) Die Zusammensetzung des Werksausschusses wird durch die Betriebssatzung geregelt. Dem Werksausschuß sollen keine Mitglieder angehören, für die Ausschließungsgründe nach § 23 GO vorliegen. Für die dem Ausschuß angehörenden Beschäftigten (§ 93 Abs. 3 Satz 1 und 3 GO) wählt der Rat eine gleich große Anzahl von Stellvertretern. Scheidet ein Mitglied oder ein Stellvertreter aus dem Werksausschuß aus, wählt der Rat auf Vorschlag derjenigen Gruppe, die den Ausgeschiedenen vorgeschlagen hatte, einen Nachfolger.

Macht die Gruppe innerhalb von zwei Wochen nach dem Ausscheiden von ihrem Vorschlagsrecht keinen Gebrauch, ist der Nachfolger nach § 35 Abs. 2 GO zu wählen. Sind Beschäftigte als Nachfolger zu wählen, so sind diese dem Vorschlag der Versammlung der Beschäftigten nach § 93 Abs. 3 Satz 4 GO zu entnehmen.

(3) An den Beratungen des Werksausschusses nimmt die Werkleitung teil; sie ist berechtigt und auf Verlangen verpflichtet, ihre Ansicht zu einem Punkt der Tagesordnung darzulegen.

(4) Der Werksausschuß berät die Beschlüsse des Rats vor. Über alle wichtigen Angelegenheiten ist er von dem Gemeindedirektor und der Werkleitung zu unterrichten.

(5) Der Werksausschuß setzt unbeschadet der Vorschrift des § 4 die allgemeinen Lieferbedingungen fest; er erteilt die Zustimmung zu erfolggefährdenden Mehraufwendungen und zu Mehrausgaben nach dem §§ 15 und 16 dieser Verordnung und benennt den Prüfer für den Jahresabschluß. Die Betriebssatzung kann dem Werksausschuß die Entscheidung in weiteren Angelegenheiten übertragen, soweit sie nicht zu den Geschäften der laufenden Betriebsführung gehören.

(6) Der Werksausschuß entscheidet in den Angelegenheiten, die der Beschlußfassung des Rats unterliegen, falls die Angelegenheit keinen Aufschub duldet. In Fällen äußerster Dringlichkeit kann der Bürgermeister mit dem Vorsitzenden des Werksausschusses entscheiden. § 43 Abs. 1 Satz 4 und 5 GO gilt entsprechend. Ist der Werksausschuß noch nicht gebildet, werden seine Aufgaben vom Hauptausschuß wahrgenommen; § 43 Abs. 1 Satz 2 bis 5 findet Anwendung.

§ 6 Stellung des Gemeindedirektors

(1) Der Gemeindedirektor ist Dienstvorgesetzter der Dienstkräfte des Eigenbetriebs. Die Angestellten und Arbeiter werden von dem Gemeindedirektor oder in seinem Auftrage von der Werkleitung angestellt, befördert und entlassen., Die Hauptsatzung kann etwas anderes bestimmen, insbesondere die Anstellung, Beförderung und Entlassung der Angestellten und Arbeiter der Werkleitung übertragen. Soweit dies nicht geschieht, regelt die Betriebssatzung die Mitwirkung der Werkleitung.

(2) Die Werkleitung hat den Gemeindedirektor über alle wichtigen Angelegenheiten rechtzeitig zu unterrichten. Der Gemeindedirektor kann von der Werkleitung Auskunft verlangen und ihr im Interesse der Einheitlichkeit der Verwaltungsführung Weisungen erteilen. Glaubt die Werkleitung nach pflichtmäßigem Ermessen die Verantwortung für die Durchführung einer Weisung des Gemeindedirektors nicht übernehmen zu können, so hat sie sich an den

Werksausschuß zu wenden. Wird keine Übereinstimmung zwischen dem Werksausschuß und dem Gemeindedirektor erzielt, so ist die Entscheidung des Hauptausschusses herbeizuführen.

§ 7 Unterrichtung des Kämmerers

Die Werkleitung hat dem Kämmerer oder dem sonst für das Finanzwesen zuständigen Beamten den Entwurf des Wirtschaftsplans und des Jahresabschlusses, die Vierteljahresübersichten, die Ergebnisse der Betriebsstatistik und die Selbstkostenrechnungen zuzuleiten; sie hat ihm ferner auf Anfordern alle sonstigen finanzwirtschaftlichen Auskünfte zu erteilen.

STICHWORTVERZEICHNIS

(Die Verweise beziehen sich auf die Gemeindeordnung.)

Stichwortverzeichnis

Stichwortverzeichnis

171

Stichwortverzeichnis

Stichwortverzeichnis

RAUM FÜR NOTIZEN

RAUM FÜR NOTIZEN

RAUM FÜR NOTIZEN

RAUM FÜR NOTIZEN